THICH NHAT HANH

Ohne Schlamm kein Lotos

DIE KUNST, LEID ZU VERWANDELN

Aus dem Englischen
von Ursula Richard

nymphenburger

Aus dem Englischen übersetzt von Ursula Richard.
»No Mud, No Lotus«:
erschienen bei Parallax Press unter 978-1-937-00685-3.

Bildnachweis
Mit 1 Schwarzweißfoto von Klaus H. Schick (Autorenfoto)

Impressum
Umschlaggestaltung von Gramisci Editorial Design, München / Claudia Geffert unter Verwendung einer Illustration von iStock/GelatoPlus.

Unser gesamtes Programm finden Sie unter
kosmos.de/nymphenburger

MIX
Papier | Fördert gute Waldnutzung
FSC® C014889

Gedruckt auf chlorfrei gebleichtem Papier

ISBN 978-3-96860-016-1
Redaktion: Monika Riedlinger-Sinanmis
Gestaltung und Satz: Buch-Werkstatt GmbH, Bad Aibling
Produktion: Angela List
Druck und Bindung: Friedrich Pustet GmbH & Co. KG, Regensburg
Printed in Germany / Imprimé en Allemagne

Inhalt

»Die meisten Menschen fürchten sich davor zu leiden. Doch das Leiden ist eine Art Schlamm, der die Lotosblüte des Glücks zum Erblühen bringt. Es gäbe keine Lotosblüte ohne den Schlamm.«

THICH NHAT HANH

1

Die Kunst, Leid zu verwandeln

Wir alle wollen glücklich sein und es gibt viele Bücher sowie Lehrer und Lehrerinnen auf dieser Welt, die anderen Menschen dabei zu helfen versuchen, glücklicher zu sein. Doch unser aller Leid dauert fort.

Aus diesem Grund glauben wir vielleicht, dass wir es nicht richtig anstellen. Irgendwie scheinen wir das Glück zu verfehlen, scheitern wir daran, glücklich zu sein. Doch das ist nicht wahr. Die Fähigkeit, Glück zu erfahren, setzt nicht die vollständige Abwesenheit von Leid voraus. In Wahrheit besteht die Kunst des Glücks auch in der Kunst, auf gute Weise zu leiden. Wenn wir lernen, unser Leid anzuerkennen, zu umarmen und zu verstehen, leiden wir viel weniger. Darüber hinaus sind wir so imstande, unser Leiden in Verstehen, Mitgefühl und Freude für uns selbst und andere zu verwandeln.

Es gehört zu den schwierigsten Dingen, zu akzeptieren, dass es keinen Lebensbereich gibt, in dem kein Leid und nur Glück existiert. Das bedeutet nicht, dass wir verzweifeln müssten. Leiden kann verwandelt werden. Sobald wir unseren Mund öffnen und »Leid« sagen, wissen wir, dass auch dessen Gegenteil bereits da ist. Wo Leid ist, ist auch Glück.

In der Genesis wird davon berichtet, wie die Welt erschaffen wurde. Und Gott sprach: »Es werde Licht.« Ich stelle mir gern eine Erwiderung des Lichts darauf vor. Es sagt zu Gott: »Gott, ich muss auf meine Zwillingsschwester, die Dunkelheit, warten. Ich kann nicht existieren, ohne sie an meiner Seite zu wissen.« Gott fragt: »Warum wartest du? Die Dunkelheit ist doch schon da.« Das Licht erwidert: »Wenn es so ist, bin auch ich da.«

Wenn wir uns ausschließlich auf das Erlangen von Glück konzentrieren, betrachten wir das Leid möglicherweise als etwas, das wir ignorieren oder dem wir Widerstand entgegensetzen sollten. Wir sehen es als etwas an, das uns auf dem Weg zum Glück in die Quere kommt. Doch die Kunst des Glücks ist gleichzeitig auch die Kunst des richtigen Leidens. Wenn wir gut mit unserem Leid umzugehen wissen, können wir es transformieren und leiden viel weniger. Das Wissen darüber, wie man richtig leidet, ist unerlässlich dafür, wahres Glück zu erlangen.

Leid und Glück existieren nicht getrennt voneinander

Wenn wir leiden, meinen wir oft, in diesem Moment existiere nur das Leid und das Glück müsse sich an einem anderen Ort oder in einer anderen Zeit befinden. Oft fragen Menschen dann: »Warum muss ich leiden?« Doch die Vorstellung, es könnte ein Leben ohne Leid geben, ist genauso irrig wie die Annahme, es gäbe eine linke Seite ohne eine rechte; das Gleiche gilt für die Vorstellung, das Leben hielte für uns überhaupt kein Glück bereit. Wenn die linke Seite zur rechten sagen würde: »Rechte Seite, du musst verschwinden, ich will dich nicht, ich will nur mich«, wäre das verrückt, denn das wäre auch das Ende der linken Seite. Ohne Rechts gibt es auch kein Links. Wo es kein Leid gibt, gibt es auch kein Glück und umgekehrt.

Wenn es uns gelingt, sowohl die Präsenz des Leids als auch die des Glücks wahrzunehmen und mit beiden geschickt umzugehen, wird unser Leben zunehmend freudvoller werden. Jeden Tag können wir einen Schritt in diese Richtung gehen und verstehen lernen, dass Leid und Glück nicht voneinander getrennt sind.

Kalte Luft kann unangenehm sein, wenn Sie nicht warm genug angezogen sind, doch wenn Ihnen zu warm ist oder Sie draußen mit passender Kleidung unterwegs sind, kann es freudvoll und belebend sein, die erfrischende Wirkung kalter Luft auf der Haut zu spüren. Leiden ist keine von außen kommende, objektive Bedrängnis. Es gibt Dinge, wie zum Beispiel laute Musik oder grelles Licht, die für Sie quälend sein mögen, für andere sind sie jedoch eine Quelle der Freude. Es gibt Dinge, die Sie erfreuen, andere jedoch ärgern. Der verregnete Tag, der Ihre Pläne für ein Picknick zerstört, ist ein Segen für den Landwirt, dessen Feld vertrocknet ist.

Glück ist hier und jetzt möglich – doch nicht ohne Leid. Es gibt Menschen, die glauben, sie müssten jedes Leid vermeiden, um glücklich zu sein. Und so sind sie ständig auf der Hut und in Sorge. Doch auf diese Weise opfern sie jegliche Spontaneität, Freiheit und Freude. Das ist nicht richtig. Wenn Sie Ihren Schmerz verstehen und akzeptieren und nicht davor weglaufen, werden Sie entdecken, dass Schmerz und Freude gleichzeitig existieren können.

Einige sagen, Leid sei nur eine Illusion oder die Weisheit bestehe darin, sowohl Leid als auch Freude zu »transzendieren«. Ich behaupte das Gegenteil. Auf rechte Weise zu leiden und glücklich zu sein verlangt, in Berührung zu bleiben mit dem, was gerade geschieht. Gelingt Ihnen das, erlangen Sie befreiende Einsichten in die wahre Natur des Leids *und* in die wahre Natur der Freude.

Ohne Schlamm kein Lotos

Leid und Glück sind von organischer Natur, das heißt, sie sind beide vergänglich und unbeständig; sie verändern sich ständig. Wenn eine Blume verwelkt, wird sie zu Kompost. Der Kompost trägt zum Wachstum neuer Blumen bei. Die Natur des Glücks ist ebenso organisch und vergänglich. Glück kann sich in Schmerz verwandeln und wieder zum Glück werden.

Wenn Sie sich eine Blume genau ansehen, stellen Sie fest, dass sie ausschließlich aus Nicht-Blume-Elementen besteht. In der Blume ist eine Wolke. Natürlich wissen wir, dass eine Wolke keine Blume ist, aber ohne eine Wolke kann auch keine Blume existieren. Ohne Wolke gibt es keinen Regen und ohne Regen wächst keine Blume. Sie müssen kein Träumer sein, um zu erkennen, wie eine Wolke in einer Blume schwebt. Sie ist wirklich da. Und ebenso verhält es sich mit der Sonne. Auch die Sonne ist keine Blume, doch ohne ihr Licht wäre die Existenz einer Blume undenkbar.

Betrachten wir die Blume noch genauer, entdecken wir viele weitere Dinge, wie zum Beispiel die Erde und ihre Mineralien. Auch sie sind für das Wachstum der Blume unabdingbar. Tatsächlich besteht eine Blume ausschließlich aus Nicht-Blume-Elementen. Eine Blume kann aus sich selbst heraus nicht existieren. Eine Blume kann nur intersein mit Nicht-Blume-Elementen. Das Gleiche gilt für Links und Rechts. Man kann das Sonnenlicht ebenso wenig aus der Blume entfernen wie den Erdboden und die Wolke.

In jedem unserer weltweiten Plum-Village-Übungszentren gibt es einen Lotosteich. Jeder weiß, Lotosblüten benötigen Schlamm, um zu wachsen. Der Schlamm riecht nicht gut, doch die Lotosblüte duftet wunderbar. Gibt es keinen Schlamm, kann die Lotosblüte sich nicht manifestieren. Lotos wächst nicht auf Marmor. Ohne Schlamm gibt es keinen Lotos.

Es kann passieren, dass wir im Morast des Lebens stecken bleiben. Es ist so einfach, überall um uns herum nur den Schlamm und Morast wahrzunehmen. Es gehört zu den schwersten Übungen, sich selbst nicht von Verzweiflung überwältigen zu lassen. Wenn Sie vollkommen verzweifelt sind, sehen Sie überall nur noch Leid und haben das Gefühl, Ihnen geschehe das Schlimmste. Doch wir sollten uns daran erinnern, dass Leid der Schlamm ist, den wir benötigen, um Freude und Glück entstehen zu lassen. Ohne Leid gibt es kein Glück. Deswegen sollten wir unserem Leid vorbehaltlos begegnen. Wir sollten lernen, wie wir unser eigenes Leid und das der Welt umarmen und mit viel Zärtlichkeit im Arm halten können.

Während des Vietnamkrieges war es für uns sehr schwer, unseren Weg angesichts des dunklen, schweren Schlamms zu erkennen. Es schien, als würde die Zerstörung nie mehr aufhören. Jeden Tag fragten mich Menschen, ob ich glaube, dass der Krieg bald enden werde. Die Antwort fiel mir schwer, denn ein Ende war nicht in Sicht. Doch ich wusste, wenn ich sagte: »Ich weiß es nicht«, würde das ihre Verzweiflung nur weiter nähren. Daher antwortete ich: »Alles ist vergänglich, sogar der Krieg. Eines Tages wird er vorbei sein.« Dies wissend, konnten wir weiter für den Frieden arbeiten. Und tatsächlich hörte der Krieg eines Tages auf. Heute sind aus früheren Todfeinden Handelspartner geworden und auf der ganzen Welt praktizieren Menschen die Lehren unserer Tradition von Achtsamkeit und Frieden.

Wenn Sie wissen, wie Sie den Schlamm gut nutzen können, können Sie wundervolle Lotosblumen erblühen lassen. Wenn Sie wissen, wie Sie Leid gut nutzen können, können Sie Glück schaffen. Wir brauchen etwas Leid, um Glück entstehen zu lassen. Und die meisten von uns verfügen über genug Leidvolles in sich und in ihrer Umgebung, um dazu in der Lage zu sein. Wir müssen nicht noch mehr produzieren.

Hat der Buddha gelitten?

Als junger Mönch glaubte ich, dass der Buddha, nachdem er einmal zum Buddha geworden war, nicht mehr leiden musste. Naiv, wie ich war, fragte ich mich: »Welchen Sinn hat es, ein Buddha zu werden, wenn man danach weiterhin leidet?«

Der Buddha hat mit Sicherheit auch gelitten, denn er hatte einen Körper, Gefühle und Wahrnehmungen wie wir alle. Manchmal hatte er vielleicht Kopfschmerzen oder litt an Rheuma. Wenn er eine schlechte Mahlzeit zu sich genommen hatte, bekam er Verdauungsprobleme. So hat er körperlich und emotional gelitten. Wenn einer seiner geliebten Schüler starb, litt er. Wie kann man nicht leiden, wenn gerade ein enger Freund gestorben ist? Der Buddha war nicht aus Stein. Er war ein menschliches Wesen. Doch er verfügte über tiefe Einsichten, über Weisheit und Mitgefühl und er wusste, wie man leidet, und daher litt er weniger.

Die Vier Edlen Wahrheiten

In seiner ersten Lehrrede nach seiner Erleuchtung beschäftigte sich der Buddha mit dem Leiden, mit den Vier Edlen Wahrheiten. Die Vier Edlen Wahrheiten besagen: Es gibt Leiden; bestimmte Vorgehensweisen schaffen Leiden; Leiden endet (das heißt, Glück existiert); ein bestimmtes Vorgehen oder Handeln beendet das Leiden (Glück entsteht).

Hört man zum ersten Mal, dass Leiden eine Edle Wahrheit sei, wundert man sich vielleicht, was daran so edel ist. Der Buddha hat gesagt, wenn wir das Leid erkennen, es umarmen und seine Ursachen tief ergründen, wären wir auch in der Lage, die Gewohnheiten abzulegen, die es nähren, und werden gleichzeitig einen Weg zum Glück finden. Leid hat nützliche Aspekte. Es kann ein ausgezeichneter Lehrer sein.

Woraus besteht Leiden?

Es gibt körperliches Leiden. Dieses umfasst Schmerzen, Krankheit, Hunger und physische Verletzungen. Einiges davon ist unvermeidbar. Und es gibt geistiges, psychisches Leiden. Dazu können Sorgen, Eifersucht, Verzweiflung, Angst und Wut gehören. In uns gibt es sowohl die Samen, das Potenzial, für Verständnis, Liebe, Mitgefühl und Einsicht sowie für Zorn, Hass und Gier. Wir können zwar nicht alles Leid in unserem Leben verhindern, doch wir können weniger leiden, indem wir die Samen des Leids in uns nicht wässern.

Befinden Sie sich im Krieg mit Ihrem Körper? Hassen und bestrafen Sie Ihren Körper? Kennen Sie Ihren Körper wirklich? Können Sie sich in ihm zu Hause fühlen? Man kann physisch oder psychisch leiden oder beides, doch jede Art von Leid manifestiert sich irgendwo im Körper und erzeugt Spannung und Stress. Oft heißt es, man solle den Schmerz im Körper loslassen. Viele von uns haben das immer wieder versucht! Wir wollen die Spannungen in unserem Körper loslassen, doch es gelingt uns nicht. Unsere Versuche, den Schmerz zu mindern, werden erfolglos bleiben, bis wir als Erstes einmal anerkennen, dass er da ist.

Wenn Sie sich in den Finger schneiden, reinigen Sie die Wunde und der Körper weiß von selbst, wie er die Wunde heilen muss. Wenn sich ein Tier, das im Wald lebt, verletzt, weiß es, was zu tun ist. Es geht nicht länger auf die Jagd, es sucht nicht nach Artgenossen, es weiß instinktiv, dass dies zu nichts führt. Es sucht sich einen stillen Platz, legt sich nieder und tut nichts. Tiere wissen instinktiv, dass Innehalten der beste Weg zur Heilung ist. Sie brauchen keinen Arzt, keine Apotheke und keine Drogerie.

Einst haben wir Menschen auch über dieses Wissen verfügt. Doch wir haben den Kontakt dazu verloren. Wir wissen nicht mehr, wie wir uns ausruhen können. Wir erlauben unserem Körper keine Auszeit mehr, um die Spannungen zu lösen. Im Umgang mit Schmerzen verlassen wir uns fast vollständig auf Medikamente. Doch der effektivste Weg, Leiden zu lindern und zu transformieren, steht uns ganz ohne Rezept und ohne finanziellen Aufwand immer zur Verfügung. Ich schlage nicht vor, dass niemand mehr Medikamente einnehmen sollte. Einige von uns benötigen einfach bestimmte Arzneien. Doch wir können sie in viel geringerem Umfang und mit größerem Effekt einsetzen, wenn wir wissen, wie unser Körper und Geist wahrhaftig zur Ruhe kommen können.

Heilende Medizin

Das Grundproblem unserer modernen Zivilisation besteht darin, dass wir nicht mit dem Leid in uns umzugehen wissen und es mit allen möglichen Arten von Konsum zu verdecken versuchen. Alle möglichen alten und neuen Hilfsmittel werden uns angeboten, um unser inneres Leid zu verstecken. Doch solange wir nicht fähig sind, unserem Leid zu begegnen, werden wir auch nicht präsent und verfügbar für das Leben sein und das Glück wird uns immer wieder entwischen.

Viele Menschen leiden sehr und wissen nicht, wie sie damit umgehen sollen. Bei etlichen beginnt dies bereits in jungen Jahren. Warum lernen junge Menschen nicht in der Schule, einen Umgang mit dem Leid zu finden? Wenn es einem Schüler sehr schlecht geht, kann er sich weder konzentrieren noch lernen. Das Leiden eines jeden wirkt sich auch auf andere aus. Je mehr wir einander die Kunst des guten Umgangs mit leidvollen Erfahrungen lehren, desto weniger Leid und desto mehr Glück wird es in der Welt geben.

Achtsamkeit ist der beste Weg, mit Leid umzugehen, ohne sich davon vollkommen einnehmen zu lassen. Ich definiere Achtsamkeit als die Fähigkeit, im gegenwärtigen Moment zu verweilen und zu wissen, was hier und jetzt geschieht. Zum Beispiel: Wenn wir unsere Arme heben, sind wir uns dessen bewusst, dass wir unsere Arme anheben. Unser Geist vollzieht mit, dass wir unsere Arme heben. Er wendet sich weder der Vergangenheit noch der Zukunft zu, denn das, was hier und jetzt geschieht, ist, dass wir unsere Arme hochnehmen.

Achtsam zu sein bedeutet, gewahr und aufmerksam zu sein. Es ist die Energie, die weiß, was passiert. Unsere Arme heben und wissen, dass wir unsere Arme heben – das ist Achtsamkeit, Achtsamkeit für unser Tun. Wenn wir einatmen und wissen, dass wir einatmen, ist das Achtsamkeit. Wenn wir einen Schritt machen und wissen, dass wir einen Schritt machen, sind wir achtsam für unser Gehen. Achtsamkeit ist immer Achtsamkeit bezogen auf *etwas*, was gerade jetzt stattfindet. Es ist die Energie, die uns gewahr sein lässt für das, was im Hier und Jetzt geschieht, in unserem Körper, unseren Gefühlen, unseren Wahrnehmungen und unserer Umgebung.

Mit Achtsamkeit können Sie die Präsenz des Leidens in Ihnen und in der Welt erkennen. Und mit der gleichen Energie umarmen Sie zärtlich dieses Leid. Sie atmen achtsam und erzeugen so die Energie der Achtsamkeit, um das Leid in Ihrem Arm zu wiegen. Erfahrene Praktizierende können Ihnen helfen zu lernen, Ihr Leid erkennen und es zu umarmen.

Sind wir achtsam, werden wir uns nicht länger vor Schmerzvollem fürchten. Wir können sogar einen Schritt weitergehen und ihn dafür nutzen, die Energie des Verstehens und des Mitgefühls zu entwickeln, die uns heilen wird. Und wir können anderen helfen, ebenfalls zu gesunden und glücklich zu sein.

Achtsamkeit entwickeln

Die »Medizin« der Achtsamkeit entwickeln wir, indem wir innehalten und einen bewussten Atemzug machen. Wir richten unsere ganze Aufmerksamkeit auf unser Ein- und Ausatmen. Wenn wir innehalten und auf diese Weise achtsam atmen, vereinen wir Körper und Geist und kehren zu uns selbst zurück. Wir sind uns unseres Körpers vollkommen bewusst. Wirklich lebendig sind wir nur dann, wenn der Geist mit dem Körper vereint ist. Die gute Nachricht lautet: Die Einheit von Körper und Geist kann durch ein einziges Einatmen realisiert werden. Vielleicht sind wir schon geraume Zeit nicht wirklich freundlich zu unserem Körper gewesen. Wir nehmen die Spannung, den Schmerz, den Stress in unserem Körper wahr, tauchen all dies in unser achtsames Gewahrsein und damit beginnt die Heilung.

Wenn wir uns um das Leid in uns kümmern, erlangen wir mehr Klarheit, Energie und Kraft, um uns dem Leid der Gewalt, Armut und Ungleichheit um uns herum zu widmen. Solange wir mit der Angst und Verzweiflung in uns beschäftigt sind, können wir andere nicht unterstützen, ihr Leid zu beenden. Es gibt eine Kunst, richtig zu leiden. Wenn wir wissen, wie wir uns um unser eigenes Leid kümmern können, leiden wir nicht nur viel, viel weniger, wir sorgen auch für mehr Glück in der Welt.

2
Das Leid erkennen und umarmen

Der erste Schritt, das Leiden zu transformieren, besteht darin, uns unserem Leiden zuzuwenden und es zu erkennen. In den Köpfen der meisten von uns herrscht ein unentwegtes Geplapper. Wir durchleben die Vergangenheit immer wieder und sorgen uns um die Zukunft. Wir halten nicht inne, um bewusst zu atmen und wahrzunehmen, ob wir leiden, bis wir plötzlich und wie aus dem Nichts vom Leid überwältigt werden. Unser Denken, Wahrnehmen und Sorgen absorbieren allen Raum in uns und halten uns von dem fern, was Moment für Moment geschieht.

Der Buddha hat gesagt, dass nichts ohne Nahrung überleben kann. Dies gilt nicht nur für die physische Existenz von Lebewesen, sondern auch für Geisteszustände. Liebe muss genährt werden, um zu überleben; und unser Leid überlebt ebenfalls nur, weil wir es nähren und ermöglichen. Wir grübeln über Leid, Reue und Kummer nach. Wir kauen darauf herum, käuen es wieder und schlucken es von Neuem. Wenn wir unser Leid nähren, während wir gehen, arbeiten, essen oder uns unterhalten, machen wir uns selbst zu Opfern von Gespenstern der Vergangenheit oder der Zukunft beziehungsweise unserer Sorgen. Wir leben nicht unser Leben.

Versuchen wir, unser Leid zu ignorieren oder uns davon abzulenken, indem wir konsumieren, verschlimmern wir es oft noch. Wir schauen fern. Wir reden, simsen oder schwatzen am Telefon. Wir surfen im Internet. Immer wieder erwischen wir uns vor dem Kühlschrank.

Trennen wir uns selbst von schmerzhaften Geisteszuständen ab, dann brechen wir auch den Kontakt zu unserem Körper ab, in dem der Schmerz gespeichert wird. Fühlen wir uns einsam und verzweifelt, versuchen wir, darüber hinwegzusehen, und geben vor, es wäre alles normal und in Ordnung. Wir fühlen uns innerlich nicht wirklich gut und um dies zu vergessen, sehen wir uns nach etwas Essbarem um, obwohl wir gar nicht hungrig sind. Wir essen, um uns besser zu fühlen, doch schließlich werden wir esssüchtig, weil wir durch Essen das Leid in uns vergessen machen wollen. Auf diese Weise bleiben die wahren Probleme jedoch unbearbeitet. Oder wir werden abhängig von Computerspielen oder anderer audiovisueller Unterhaltung.

Das in uns verborgene Leid kann durch elektronische Ablenkung nicht nur nicht geheilt werden, die von uns konsumierten Bilder können darüber hinaus auch unsere Gier, unsere Eifersucht, unsere Wut und Verzweiflung nähren. Anstatt uns besser zu fühlen, betäuben wir uns, was aber nur kurz anhält, und schließlich fühlen wir uns noch schlechter. Es funktioniert nicht, zu konsumieren, statt sich dem Leid zuzuwenden. Wir benötigen eine spirituelle Praxis, um die Stärke und das Geschick zu entwickeln, tief in unser Leid hineinzuschauen und einen Durchbruch zu erleben.

Innehalten und das Leiden anerkennen

Wenn Leidvolles in Ihnen aufkommt, sollten Sie zunächst einmal innehalten, bewusst atmen und es anerkennen. Versuchen Sie nicht, unangenehme Emotionen zu leugnen oder zu unterdrücken.

Einatmend weiß ich, dass Leid da ist.
Ausatmend begrüße ich mein Leid.

Damit wir einen achtsamen Atemzug machen können, bedarf es der Gegenwärtigkeit unseres Bewusstseins, unserer Lungen und unseres Willens. Durch bewusstes Atmen bringen wir Körper und Geist wieder zusammen und kommen im gegenwärtigen Moment an. Bereits das achtsame Einatmen beschenkt uns mit einem überraschenden Gefühl von Freiheit. Mit jedem Atemzug erzeugen wir achtsame Energie, vereinen Körper und Geist im gegenwärtigen Moment, um fürsorgliche Aufmerksamkeit für unser Leid aufzubringen. Bereits nach zwei, drei Atemzügen mit voller Aufmerksamkeit werden Sie feststellen, dass sowohl Bedauern und Kummer über Vergangenes als auch Ungewissheit, Angst und Sorgen bezüglich der Zukunft eine Pause eingelegt haben.

Körper und Geist vereinen

Jeder Mensch hat einen Körper, doch wir sind nicht immer in Verbindung mit ihm. Manchmal braucht uns unser Körper, er ruft uns, doch wir hören ihn nicht. Wir sind so von unserem Computer, Smartphone oder unserer Unterhaltung gefangen genommen, dass wir mitunter sogar vergessen, dass wir einen Körper haben.

Wenn wir mit unserem Körper in Kontakt treten können, dann vermögen wir auch Kontakt zu unseren Gefühlen aufzunehmen. Viele Gefühle verlangen nach unserer Aufmerksamkeit. Jedes Gefühl ist wie ein Kind. Leid ist ein verletztes Kind, das in uns weint. Doch wir ignorieren die Stimme dieses inneren Kindes.

Der Heilungsprozess beginnt, sobald wir achtsam einatmen. Im Alltag sind wir oft zwar körperlich anwesend, aber geistig weilen wir in der Vergangenheit, der Zukunft oder bei unseren Projekten. Dann ist der Geist nicht mit dem Körper vereint. Doch atmen wir ein und richten unsere Aufmerksamkeit auf unser Einatmen, vereinigen wir Körper und Geist wieder. Wir werden aufmerksam für alles, was in diesem Moment im Körper, in unserer Wahrnehmung und um uns herum geschieht.

Wenn wir unseren Geist nach Hause zu unserem Körper führen, passiert etwas Wunderbares: Das fortlaufende Geplapper in unserem Geist bricht ab. Denken kann produktiv sein, doch tatsächlich sind die meisten unserer Gedanken unproduktiv. Wir verlieren uns sehr schnell in unseren Gedanken. Doch sobald wir mithilfe unseres Atems den Geist heim zu unserem Körper bringen, hört das Denken auf.

Wenn Sie zu sich selbst zurückkehren und achtsam atmen, kennt Ihre Aufmerksamkeit nur ein Objekt: Ihren Atem. Solange Sie achtsam ein- und ausatmen, bewahren Sie sich den Zustand von Gegenwärtigkeit und Freiheit. Ihr Geist ist klarer und Sie fällen bessere Entscheidungen. Mit einem klaren und freien Geist lassen sich Entscheidungen viel besser treffen als im Auf und Ab der Angst, der Sorgen und des Ärgers.

Als junger Mönch glaubte ich, man würde stets längere Zeit benötigen, um zu einer Einsicht zu gelangen. Doch in Wahrheit können wir ganz unmittelbar zu Einsichten kommen. Wenn Sie achtsames Atmen praktizieren, wissen Sie sofort, *dass Sie lebendig sind* und dass es ein Wunder ist, lebendig zu sein. Wenn Ihnen bewusst ist, dass Sie einen lebendigen Körper haben, und Sie Spannungen in ihm bemerken, ist auch dies bereits eine wichtige Einsicht: Sie haben die Situation auf diese Weise diagnostiziert. Sie benötigen keine acht oder zwanzig Jahre, um zu dieser Einsicht zu erwachen.

Achtsames Atmen ist nicht schwierig. Sie müssen beim Atmen nicht leiden. Sie atmen den ganzen Tag lang. Sie müssen nicht darum ringen, Ihren Atem zu kontrollieren. Einatmen kann tatsächlich eine wahre Freude sein. Sie erlauben sich einfach, ganz natürlich einzuatmen, und richten gleichzeitig Ihre Aufmerksamkeit auf das Einatmen. Das ist wie der morgendliche Sonnenstrahl auf einer Blume, deren Blüte sich über Nacht geschlossen hatte. Der Sonnenstrahl gerät nicht in Widerstreit mit der Blume. Er umarmt und durchdringt sie zart. Umarmt von der Energie der Sonne, beginnt die Blüte sich zu öffnen.

Die Anziehungskraft der Ablenkung

Wenn wir die Geschäftigkeit unseres Geistes unterbrechen und zu uns selbst zurückkehren, können uns das Ausmaß und die Wucht unseres Leids sehr erschrecken, weil wir so lange gewohnt waren, es zu ignorieren und uns abzulenken. Wenn wir leiden, möchten wir am liebsten wegrennen und uns mit Junkfood, billiger Unterhaltung oder irgendetwas anderem zuschütten, das den Schmerz fernhält, den wir tief in uns tragen. Doch das funktioniert nicht. Vielleicht gelingt es uns, uns kurzfristig zu betäuben, doch der Schmerz in uns fordert Aufmerksamkeit, er nagt und rüttelt an uns, bis wir uns ihm zuwenden.

Wir rennen vor uns davon, da wir nicht bei uns selbst sein wollen. Unser Schmerz ist eine Energie, die nicht angenehm ist. Wenn wir unsere Ablenkungen einmal beiseitelassen und zu uns selbst zurückkehren, haben wir Angst, dass das Leid in uns, die Verzweiflung, die Wut und Einsamkeit uns überwältigen werden. Also laufen wir weiter vor uns davon. Doch wenn wir nicht die Zeit und die Bereitschaft aufbringen, Sorge für uns selbst zu tragen, wie können wir dann ehrlich Fürsorge für die aufbringen, die wir lieben?

Deshalb besteht die erste Übung darin, mit dem Davonrennen aufzuhören, uns dem eigenen Körper zuzuwenden und unser Leiden zu erkennen. Steigt Wut oder Angst in uns auf, können wir diese leidvollen Gefühle wahrnehmen. Leiden ist eine Energie. Achtsamkeit ist eine andere Energie, die wir herbeirufen können, um das Leiden zu umarmen. Die Praxis des achtsamen Atmens ist sehr wesentlich dabei, denn sie versorgt uns mit der Energie, die wir für die weiteren Schritte benötigen, um uns um unser Leiden zu kümmern.

Durch achtsames Atmen können Sie die Präsenz eines schmerzhaften Gefühls wahrnehmen, so wie ein älteres Geschwisterkind das jüngere begrüßt. Sie können sagen: »Hallo, mein Leiden. Ich weiß, du bist da.« Auf diese Weise bewahrt Sie die Energie der Achtsamkeit davor, von schmerzhaften Gefühlen überwältigt zu werden. Mit etwas Übung sind wir in der Lage, unserem Leiden sogar mit einem Lächeln zu begegnen und zu sagen: »Guten Morgen, mein Schmerz, meine Sorge, meine Angst. Ich sehe dich. Ich bin hier. Mach dir keine Sorgen.«

Das Leiden umarmen

Wenn wir das Leid einfach hochkommen und uns davon in Besitz nehmen lassen, kann es uns leicht überwältigen. Deshalb müssen wir gleichzeitig eine andere Energie hinzurufen, die Energie der Achtsamkeit. Die Funktion der Achtsamkeit ist es zuallererst, das Leiden wahrzunehmen und sich darum zu kümmern. Ihre Arbeit besteht darin, das Leiden zunächst zu erkennen und es dann zu umarmen. Eine Mutter wird ihr weinendes Kind ganz selbstverständlich in den Arm nehmen, ohne das Weinen zu unterdrücken, ihr Kind zu verurteilen oder zu ignorieren. Achtsamkeit ist wie diese Mutter, sie erkennt und umarmt das Leid ohne Verurteilung.

Die Praxis besteht also darin, das Gefühl nicht zu bekämpfen oder zu unterdrücken, sondern es zärtlich im Arm zu wiegen. Wenn eine Mutter ihr Kind im Arm wiegt, fließt ihre zärtliche Energie in den Körper des Kindes über. Selbst wenn die Mutter zunächst nicht weiß, weshalb ihr Kind weint, und sie Zeit braucht, um herauszufinden, woran es leidet, kann es für das Kind schon tröstend sein, wenn es in den Arm genommen wird. Wenn wir unser Leiden erkennen, im Arm wiegen und dabei achtsam atmen, ist das schon erleichternd.

Das Leiden zu umarmen mag wie das Gegenteil dessen erscheinen, was wir normalerweise tun wollen, besonders dann, wenn, wie im Falle einer Depression, das Leid sehr groß ist. Depressionen gehören heutzutage zu den verbreitetsten Formen des Leidens. Eine Depression kann uns jegliche Freude nehmen, sie kann unseren Frieden und unsere Stabilität untergraben und uns sogar der Fähigkeit berauben, zu essen, uns zu bewegen und einfache Aufgaben zu erfüllen. Sie mag uns manchmal unüberwindbar erscheinen und wir glauben vielleicht, das Einzige, was wir tun könnten, sei entweder wegzurennen oder uns ihr zu ergeben.

Doch dieses große Leiden anzuerkennen, auf nichtwertende Weise, und es zu umarmen ist etwas ganz anderes, als sich ihm zu ergeben. Sobald Sie ihm zeigen, dass Sie es sehen und sich kümmern wollen, wird es etwas von seiner Undurchdringlichkeit verlieren und Sie werden damit umgehen können. Dann haben Sie die Möglichkeit, mit Freundlichkeit tief in das Leid hineinzuschauen (doch stets mit dem achtsamen Atmen als feste, Sie unterstützende Grundlage) und herauszufinden, warum es Sie heimgesucht hat. Es sucht Ihre Aufmerksamkeit, weil es Ihnen etwas sagen will, und nun können Sie die Gelegenheit nutzen und ihm zuhören. Sie können jemanden bitten, es mit Ihnen gemeinsam anzusehen – eine Lehrerin, einen Freund, eine Psychotherapeutin. Ob allein oder gemeinsam mit anderen sollten Sie untersuchen, durch welche Quellen, Nährstoffe und Konsumgewohnheiten Sie Ihren Kummer gefüttert haben. Durch tiefes Schauen werden Sie herausfinden, wie Sie diesen organischen »Abfall« in Kompost verwandeln können, aus dem später vielleicht wunderbare Blumen des Verständnisses, des Mitgefühls und der Freude werden können.

Die Glocke

Selbst mit den besten Absichten und auch nach langjähriger Achtsamkeitspraxis neigen wir alle immer noch dazu, in die Zukunft oder Vergangenheit zu flüchten und andernorts als hier nach dem Glück zu suchen. Eine Glocke der Achtsamkeit kann uns auf wunderbare Art daran erinnern, zu uns selbst zurückzukehren, zurück zum *Leben* hier im gegenwärtigen Moment. Dabei ist es egal, ob es sich um eine wirkliche Glocke oder einen anderen Klang handelt. Der Klang einer Glocke ist die Stimme des Buddha in uns. Jeder Mensch hat Buddhanatur – verfügt über die Fähigkeit zu Mitgefühl, Klarheit und Verstehen. Wenn wir den Klang der Glocke hören, können wir, so wir Achtsamkeit praktizieren, diesem Klang mit Respekt und Wertschätzung begegnen. In meiner spirituellen Tradition unterbrechen wir jede Tätigkeit beim Erklingen einer Glocke. Wir halten in der Bewegung, im Sprechen und Denken inne und lauschen der Stimme des Herzens.

Wir sprechen nicht davon, dass wir die Glocke »schlagen« oder »läuten«. Stattdessen sagen wir, dass wir sie »einladen« zu erklingen, denn die Glocke ist eine Freundin, eine erleuchtete Freundin, die uns hilft aufzuwachen und die uns nach Hause zu uns selbst führt. Sanftheit und Gewaltlosigkeit zeichnen den

Klang der Glocke aus. Ihr Klang ist zart und doch kraftvoll.

Wenn Sie den Klang der Glocke hören, nutzen Sie die Gelegenheit, kehren Sie zu sich selbst zurück und erfreuen Sie sich daran zu atmen. Nehmen Sie sich einen Moment Zeit, tief ein- und auszuatmen, und spüren Sie das Glück. Wenn Sie erfahren wollen, wie sich das Ende jedes Leidens anfühlt: Es ist im Hier und Jetzt *dieses* Atemzugs zu finden. Wenn Sie das Nirwana suchen, hier ist es.

Einatmend weiß ich, dass ich einatme.
Ausatmend lächle ich.

3
Tiefes Schauen

Wenn eine Mutter oder ein Vater ein Kind eine Weile lang fürsorglich im Arm gehalten hat, erkennt sie oder er oft den Grund für das Leid des Babys. Vielleicht ist es hungrig oder hat leichtes Fieber. So verhält es sich auch mit unserem Leid. Nachdem wir es eine Zeit lang umarmt und gewiegt haben, können wir es eingehender betrachten und verstehen, was es verursacht und genährt hat. Verstehen wir die Natur dieser Situation, so können wir sie viel leichter transformieren.

Den Schmerz verstehen

Sind wir in einer Krise oder erleben wir Schmerzvolles, müssen wir das unmittelbar Notwendige tun. Hat unsere Achtsamkeitsenergie den Schmerz etwas gelindert, können wir beginnen, tiefer in seine Natur und seine Ursachen zu schauen. Haben wir Kopfschmerzen, finden wir die richtige Medizin, wenn wir die Existenz des Schmerzes anerkennen und um seine Ursache wissen. Ein solches Verständnis hilft auch, andere Formen des Schmerzes zu lindern und sie in Mitgefühl zu verwandeln.

Die Achtsamkeitspraxis zur Kultivierung von Verständnis bezieht sich in erster Linie darauf, Leidvolles zu verstehen: das Leiden in uns und das Leid anderer.

Ein Mensch ohne Verständnis ist ein Wesen ohne Mitgefühl, schrecklich allein, abgeschnitten und isoliert. Um uns mit anderen zu verbinden, müssen wir jedoch zunächst willens sein, tief in uns selbst zu schauen.

Der Schmerz unserer Vorfahren

Ein Teil des Unwohlseins, das wir verspüren, resultiert aus schmerzvollen Erfahrungen in unserem eigenen Leben, doch auch unsere Vorfahren können viel an uns weitergegeben haben. Stellen Sie sich einen Getreidehalm vor, der aus einem Samenkorn wächst. Jedes Ährenkorn enthält das ursprüngliche Samenkorn. Es steckt in jeder Zelle der Pflanze. Und so wie der Getreidehalm die Fortführung des Samenkorns ist, so sind Sie die Fortführung Ihrer Eltern.

Wenn Sie ein Bild betrachten, auf dem Sie als fünfjähriges Kind zu sehen sind, werden Sie sich vielleicht fragen: »Bin ich die gleiche Person wie dieses Kind?« Die Antwort darauf lautet weder »Ja« noch »Nein«. Ihr Körper, Ihre Gefühle, Ihre Geistesformationen, Ihre Wahrnehmungen und Ihr Bewusstsein unterscheiden sich gravierend von denen des Kindes, das Sie einmal waren. Natürlich sind Sie nicht mehr genau die gleiche Person. Doch ebenso wenig sind Sie eine vollkommen andere Person geworden. Sie und das kleine Kind, sie bedingen und durchdringen einander, sie intersind.

Bevor meine Mutter mich gebar, hatte sie eine Fehlgeburt. War das Kind, das damals nicht zur rechten Zeit auf die Welt kam, mein Bruder – oder war ich es? Wir sind nicht gleich, doch wir sind auch nicht völlig verschieden. Meine Füße sind mir von meinen Vorfahren gegeben worden. Wenn ich gehe, gehe ich mit meinen eigenen Füßen, doch diese Füße sind auch ihre. Ich kann die Hand meiner Mutter an meiner eigenen Hand wiedererkennen. Ich erkenne die Arme meines Vaters an meinen eigenen. Ich bin ihre Fortführung.

Es gibt Menschen, die ihre biologischen Eltern verloren oder sie niemals kennengelernt haben und die somit nicht über die Möglichkeit verfügen, persönlich mit ihnen in Kontakt zu treten. Andere Menschen sind mit ihren Verwandten aufgewachsen, ihre Eltern leben noch, doch sie können nicht mit ihnen in Verbindung treten. Für all diese Situationen gilt, dass, selbst wenn wir keinen normalen zwischenmenschlichen Kontakt zu unseren Eltern oder Vorfahren haben, unser Körper und unser Geist trotzdem ihr Leid und ihre Hoffnungen in sich bewahren.

Wenn Sie also leiden und nicht wissen, woher der Schmerz kommt, schauen Sie tiefer und Sie werden entdecken, dass dies das Leid Ihrer Vorfahren ist, das von Generation zu Generation weitergegeben wurde, weil niemand gewusst hat, wie er oder sie es erkennen, umarmen und heilen konnte. Das ist weder Ihr Fehler noch der Ihrer Vorfahren.

Viele Menschen sind auf ihre Eltern wütend, weil sie als Kind von ihnen Leid erfahren haben. Sie sagen: »Mit diesem Mann will ich nichts mehr zu tun haben.« Vielleicht glauben Sie, Ihr Vater existiere außerhalb Ihrer selbst, doch er ist auch in Ihnen. Ihr Vater steckt in jeder Zelle Ihres Körpers. Sie können ihn nicht aus sich tilgen. Das ist unmöglich. Wenn er gelitten hat, haben Sie gelitten, und wenn Sie leiden, leidet er. Ärgern Sie sich über Ihren Vater, so ärgern Sie sich über sich selbst. Das Leid der Eltern ist das Leid des Kindes. Tiefes Schauen trägt die Chance in sich, dieses Leid zu transformieren, zu heilen und den Teufelskreis zu durchbrechen.

Zum tiefen Schauen in unser Leid gehört das Wissen, dass es uns nicht allein gehört. Wenn es uns gelingt, unser Leid zu umarmen, umarmen wir auch unsere Vorfahren, und die Heilung reicht tiefer. Sie kann Generationen umfassen. Wenn wir achtsames Atmen praktizieren, um unseren Schmerz zu erkennen, zu umarmen und zu transformieren, so tun wir das für uns ebenso wie für sie. Wir heilen dann nicht nur unser eigenes und ihr Leid, wir verhindern auch, dass es an geliebte Menschen, an unsere Kinder und deren Kinder weitergegeben wird.

Unsere Angst erforschen

Ein unnötiges Leid, dessen wir uns entledigen können, ist die Angst. Viele von uns werden von unnötigen Ängsten gepeinigt, von der Angst vor dem Tod, vor Hunger, Unfällen oder Verlusten, von Zukunftsängsten oder davon, etwas verkehrt zu machen, verletzt zu werden oder einen nahestehenden Menschen zu verletzen.

Viele Menschen haben Angst vor dem Tod. Wir möchten ewig leben. Wir fürchten die Auslöschung. Wir wollen den Weg vom Sein zum Nichtsein nicht antreten. Das ist verständlich. Wenn Sie glauben, eines Tages wird nichts mehr von Ihnen da sein, kann sich das schrecklich anfühlen. Doch wenn Sie sich die Zeit dafür nehmen, Ihre körperlichen und geistigen Aktivitäten einmal zur Ruhe kommen zu lassen, und tief in sich schauen, werden Sie feststellen, dass Sie genau in diesem Moment sterben. Sie glauben, Sie sterben vielleicht in zwanzig oder dreißig Jahren. Doch das ist nicht wahr. Sie sterben jetzt. Sie sterben in jedem Moment. Es ist eigentlich ebenso angenehm zu sterben wie zu leben.

Während Sie dies lesen, sterben viele, viele Zellen in Ihrem Körper. Im Körper eines Erwachsenen sterben täglich im Durchschnitt fünfzig bis siebzig Milliarden Zellen. Sie sind viel zu beschäftigt, um für sie alle Begräbnisse zu organisieren! Gleichzeitig werden neue Zellen geboren und Sie kommen nicht dazu, ihnen ein Geburtstagsständchen zu singen. Der Tod ist eine gute Sache. Er ist wesentlich für die Geburt. Sie erleben Geburt und Tod in diesem Moment.

Während die meisten Menschen große Angst vor dem Sterben haben, sind andere erschöpft vom Leben. Mit fünfzig oder siebzig, manchmal aber auch schon mit zwanzig oder dreißig Jahren haben sie keine Lebensenergie mehr. Sie empfinden das Leben als unerträglich und sehnen sich danach, nicht mehr da zu sein. Einige denken an Selbstmord und glauben, so ihrem Leiden ein Ende setzen zu können. All diese Vorstellungen verursachen weiteres Leid, denn sie ignorieren, dass Leben und Tod in Wirklichkeit immer Hand in Hand gehen. Das eine lässt sich nicht vom anderen trennen.

Tiefes Schauen vermag solche Vorstellungen auszuräumen. Es gibt keine Geburt und keinen Tod; alles stirbt und erneuert sich in jedem Moment. Wenn Sie zu dieser Einsicht gelangen, können Sie der Erschöpfung, die durch Angst und Aversion vor dem Leben wie vor dem Tod entsteht, entkommen.

Unser wahres Streben

Sind wir von Angst erfüllt, fokussieren wir uns oft stark darauf, ein befürchtetes Ereignis zu verhindern, und vergessen dabei, dass auch in einer unberechenbaren Welt Freude möglich ist. Wir glauben, Karriere bedeute Erfolg und verschaffe uns Sicherheit. Manche Menschen werden zu Opfern solcher Erfolge. Sie erreichen all das, worauf sie so sehr hingearbeitet haben, doch dann finden sie sich in einer unerwarteten Falle wieder. Aber niemand ist jemals zum Opfer seines oder ihres Glücks geworden.

Viele Menschen leben heute in Gesellschaften, in denen jeder ein Dach über dem Kopf und genug zu essen hat und in denen kein Krieg herrscht. Und doch leiden sie, weil sie Ihre tiefsten Bestrebungen vergessen oder verdrängt haben.

Viele von uns schleppen sich ohne bewusste Aufmerksamkeit ziellos durchs Leben. Wir schlagen einen Weg ein und verfolgen ihn, ohne innezuhalten und uns zu fragen, ob wir auf diesem Weg tatsächlich an unsere wichtigsten Ziele gelangen. Zum Teil liegt das an unserer Vorstellung, dass das Glück im Hier und Jetzt gar nicht möglich wäre. Wir meinen, wir müssten jetzt kämpfen, um in der Zukunft glücklich zu sein. Also versuchen wir, dem Jetzt zu entfliehen und diese Zukunft so schnell wie möglich zu erreichen, um dann die Bedingungen für unser Glück zu erlangen, die wir jetzt nicht haben.

Wenn Sie einatmen und Ihren Geist nach Hause zu Ihrem Körper führen, werden Sie sofort feststellen, über wie viele Bedingungen des Glücks Sie bereits jetzt verfügen. Sie können ihre wahren Bestrebungen tief betrachten und zu der Einsicht gelangen: »Ich muss mich nicht verausgaben, um in der Zukunft glücklich zu sein.« Wir alle haben die Neigung, uns zu verausgaben. Dies führt zu Spannung in Körper und Geist und ist eine der Hauptquellen des Leids.

Viele von uns glauben, man könne nur glücklich sein, wenn man über genügend Macht, Ruhm, Reichtum und Sinnesfreuden verfüge. Aber wenn wir uns umsehen, entdecken wir Menschen, die all dies besitzen und doch nicht glücklich sind. All diese Objekte der Sehnsucht sind keine wirklichen Voraussetzungen für Glück. Schauen wir tiefer, erkennen wir die Gewohnheitsenergie des Sich-Hetzens und wir können uns vielleicht vorstellen, wie es wäre, wenn wir uns nicht länger davon antreiben ließen.

Jeder Mensch verfügt über Willenskraft, eine starke Motivation, die ihn antreibt, und wenn es eine gesunde ist, bringt sie Freude.

Als ich zwölf Jahre alt war, wusste ich, dass ich ein

Mönch werden wollte. Im Alter von sechzehn Jahren verließ ich meine Mutter und die Familie, um mich als Novize ordinieren zu lassen. Ich liebte meine Mutter sehr. Einerseits wollte ich ihr nahe sein. Andererseits wusste ich, dass es mein größtes Glück wäre, als Mönch zu leben. Ich war traurig, dass ich nun keine Zeit mehr mit meiner geliebten Mutter verbringen würde, doch ich ließ mich von der Angst vor dem Verlust nicht aufhalten, denn ich wusste, ich war auf dem Weg, meiner wahren Berufung zu folgen.

Solange wir nicht innehalten, zu uns selbst zurückkehren und tief in uns schauen, werden wir nicht wissen, wo unser wahres Glück verborgen liegt. Wir ringen vielleicht in einem bestimmten Bereich um Erfolg, doch unser wahres Bestreben ist es, in einem anderen Bereich zu arbeiten oder Menschen auf andere Weise zu helfen. Dann sollten wir innehalten und uns fragen: »Kann ich mein wahres Bestreben verwirklichen, wenn ich diesen Weg weiter verfolge?« »Was hält mich davon ab, den Weg zu wählen, den ich eigentlich gehen möchte?«

Verstehen und Mitgefühl entwickeln

So, wie aus gut kultiviertem Kompost ein Blumengarten wird, verwandeln sich auch unsere Sorgen in Verstehen und Mitgefühl, sobald wir uns um sie kümmern und sie tief betrachten. Verstehen zu entwickeln erfordert zunächst, dass wir uns selbst zuhören, denn die Wurzeln unseres Leids reichen tief und sind mit den Wurzeln anderer Menschen verbunden. Für gewöhnlich denken wir, dass andere Menschen, zum Beispiel unsere Eltern, unser Partner, unsere Partnerin oder unsere Arbeitskollegen, an unserem Schmerz schuld seien. Doch wenn wir tiefer schauen, entdecken wir die wahren Gründe für unser Leid und verstehen, dass unser Gegenüber ein Opfer seines eigenen Leidens ist. Das Verstehen unserer eigenen Verletzung ermöglicht uns, das Leid anderer zu erkennen und zu verstehen. Ohne Bewertung schauend, können wir verstehen, und daraus erwächst Mitgefühl. Transformation ist möglich.

Wenn Sie sich über jemanden ärgern, mag es zunächst so scheinen, dass der andere keinen Grund zum Leiden hat. Er scheint sorgenfrei und glücklich zu sein und alles zu haben, was Sie auch gern hätten. Doch gelingt es Ihnen, tief genug zu schauen, werden Sie das Leid auch in ihm entdecken.

Während Sie achtsam sitzen und achtsam gehen, richten Sie Ihre Aufmerksamkeit auf die Ursachen, die hinter dem Verhalten des anderen stecken. Sie werden klar erkennen, dass er viel Leid in sich trägt und nicht damit umzugehen weiß. Deshalb leidet er so sehr und lässt andere in seiner Umgebung ebenfalls leiden. Er benötigt keine Bestrafung, sondern Hilfe. Wenn Sie diese Praxis fortführen, werden sich Ihr Ärger oder Ihre Eifersucht auflösen und die Blume des Mitgefühls wird gedeihen.

Sobald Sie ohne Schuldzuweisungen und Kritik sind und den anderen mitfühlend betrachten können, sehen Sie die Dinge völlig anders. Sie sprechen anders. Die andere Person fühlt sich von Ihnen wirklich gesehen und verstanden und allein das lindert schon Ihren Schmerz.

Auch ein Kind kann tief schauen und erkennen, dass seine Eltern Schwierigkeiten haben und nicht wissen, wie sie mit ihrem Schmerz umgehen sollen. Ihr Leid ergießt sich über die Menschen in ihrer Nähe und schließt sogar – und ganz besonders – diejenigen ein, die sie lieben. Leid zu verstehen hilft, Ärger und Wut zu verwandeln. Und sobald Mitgefühl in Ihrem Herzen gewachsen ist, möchten Sie sich anderen zuwenden und ihnen helfen, weniger zu leiden.

Verstehen und Mitgefühl sind keine Angelegenheiten, die nur andere entwickeln sollten. Beides kann Sie heilen und Ihr Glück mehren. Ein Mensch ohne Verstehen und Mitgefühl ist nicht glücklich. Ohne Verstehen und Mitgefühl sind Sie schrecklich allein und von anderen abgeschnitten. Sie können keine Beziehung zu einem anderen Menschen aufbauen.

Ich würde ungern in einer Welt ohne jegliches Leid leben, denn dann gäbe es auch kein Mitgefühl und Verstehen. Wenn Sie noch nie hungern mussten, werden Sie es auch nicht zu schätzen wissen, etwas zu essen zu haben. Wenn Sie keinen Krieg erlebt haben, kennen Sie den Wert des Friedens nicht. Deshalb sollten wir nicht aus unangenehmen Situationen flüchten. Indem wir unser Leid umarmen, tief in es hineinschauen und es in Mitgefühl verwandeln, finden wir einen Weg zum Glück.

Durch Achtsamkeit können schmerzhafte und schwierige Gefühle in etwas Wunderbares transformiert werden: in den heilenden Balsam des Verstehens und des Mitgefühls.

Bessere Kommunikation

Unsere größte und grundlegende Schwierigkeit besteht in der fehlenden Verbindung mit uns selbst. Wir verstehen uns selbst nicht. Konflikte und Spannungen ergreifen von uns Besitz und wir können sie nicht auflösen. Anstatt innezuhalten und tief zu schauen, rennen wir so weit wie möglich vor der Einsamkeit, dem Kummer, der Traurigkeit, vor der Angst und Leere davon, die wir nicht ertragen können.

Es ist völlig normal, dass wir in einer solchen Situation nicht in der Lage sind, mit anderen zu kommunizieren. Andere kommunizieren nicht mit sich selbst, wir kommunizieren nicht mit uns; kann es da verwundern, dass wir nur sehr schwer miteinander in Verbindung treten können? Diese Situation ruft nicht nach gegenseitiger Anklage oder Bestrafung, sie ruft nach Verstehen und Mitgefühl.

Durch Achtsamkeitspraxis, beginnend mit achtsamem Atmen, erkennen wir, dass das Leid in uns selbst und auch in der anderen Person ist. Wir selbst benötigen Hilfe. Die andere Person hat ebenfalls Hilfe nötig. Niemand braucht Bestrafung. Wenn Sie also wütend sind und leiden, sagen oder tun Sie nichts, das die andere Person verletzen könnte, denn in ihr existiert bereits viel Leid und es verbessert die Situation gewiss nicht, sie zu bestrafen.

Der effektivste Weg, Mitgefühl zu zeigen, besteht darin, einander zuzuhören. Zuhören ist wirkungsvoller als Sprechen. Sie haben oft die Gelegenheit, tiefes, mitfühlendes Zuhören zu praktizieren. Wenn Sie jemandem mitfühlend zuhören, wirkt dies wie eine Wundsalbe. Beim mitfühlenden Zuhören verfolgen Sie nur ein Ziel: Sie geben der anderen Person die Chance, zu sprechen und weniger zu leiden.

Diese Praxis erfordert viel Konzentration und achtsames Ein- und Ausatmen. Sie erfordert, den anderen nicht zu unterbrechen oder zu korrigieren. Während der andere spricht, werden Sie vielleicht mit einer Menge Bitterkeit, falschen Wahrnehmungen und Beschuldigungen konfrontiert. Wenn Sie erlauben, dass dies die Wut in Ihnen berührt, verlieren Sie Ihre Fähigkeit, tief zuzuhören.

Halten Sie stattdessen an Ihrem eigentlichen Ziel fest und erinnern Sie sich: »Mein Zuhören dient ausschließlich dem Ziel, dem anderen dabei zu helfen, weniger zu leiden. Vielleicht versteht er vieles falsch, doch ich werde ihn nicht unterbrechen. Wenn ich mich dazu verleiten lasse, meine Perspektive einzubringen oder ihn zu korrigieren, führen wir eine Debatte und ich verlasse den Pfad des tiefen Zuhörens. Beim nächsten Mal ergibt sich vielleicht die Möglichkeit, ihm einige Informationen zu geben, sodass er seine falschen Vorstellungen korrigieren kann. Doch nicht jetzt.« Diese Achtsamkeit hilft Ihnen, Ihr Mitgefühl aufrechtzuerhalten, und bewahrt Sie davor, dass der Samen der Wut in Ihnen berührt wird. Vielleicht sind Sie der erste Mensch, der dem anderen so tief zugehört hat.

Wenn Sie sein Leid verstanden haben und bereit sind, selbst zu sprechen, wird Ihre Stimme voller Mitgefühl sein. Sie können in liebevoller Weise und ohne Bewertung oder Verurteilung zu ihm sprechen. Sie können sagen: »Ich möchte nicht, dass du leidest. Es tut mir leid, dass ich dein Leid nicht verstanden habe. Bitte hilf mir und erzähl mir von deinen Schwierigkeiten und Auseinandersetzungen. Ich brauche deine Hilfe, um dich zu verstehen.« Oder vielleicht möchten Sie sogar sagen: »Ich weiß, dass du in den vergangenen Jahren sehr gelitten hast. Ich konnte dir nicht helfen. Stattdessen habe ich die Situation noch verschlimmert. Anstatt dir zu helfen, habe ich stur und verärgert reagiert und dir noch mehr Leid zugefügt. Das tut mir sehr leid.« Viele von uns können sich dieser Sprache nicht mehr bedienen, weil wir so viel gelitten haben. Doch wenn wir bewusst tiefes Zuhören und liebevolles Sprechen praktizieren, sind Heilung und Glück tatsächlich möglich.

Die Achtsamkeitsglocke für einen geliebten Menschen sein

Wenn ein geliebter Mensch leidet, können Sie ihm ein mitfühlender Verbündeter sein. Sie können ihm vorschlagen, bei ihm zu sitzen, wenn er ein schwieriges Gespräch mit jemandem direkt oder am Telefon führen muss. Und immer, wenn dessen Gesprächspartner etwas sagt, wovon Sie glauben, es könne Wut oder Trauer bei dem geliebten Menschen auslösen, drücken Sie seine Hand. Dies ist Ihre Glocke der Achtsamkeit. Sagen Sie Ihrem geliebten Menschen vorher: »Wenn du diesen Händedruck spürst, denke daran, du musst nichts erwidern. Nutze ihn als eine Erinnerung daran, dreimal tief ein- und auszuatmen und mit deiner Aufmerksamkeit beim Atmen zu sein. Versuche zu lächeln. Vielleicht wird die Person, mit der du sprichst, sehr überrascht sein. Atme einfach dreimal ein und aus, sage nichts und lächle.«

Seien Sie diese Achtsamkeitsglocke. Ihr Händedruck ist wie eine Glocke, die Ihren Freund ruft, zu sich selbst zurückzufinden. Dieser Händedruck sagt: »Ich bin für dich da. Du musst nichts tun, außer zu atmen.«

4
Das Leid mindern

Einige der Missgeschicke, die uns die größten Schmerzen bereiten, sehen objektiv betrachtet nicht besonders dramatisch aus. Doch sie fühlen sich ungeheuer groß an, weil wir nicht mit ihnen umzugehen wissen. Wenn wir einen geliebten Menschen verlieren, ist dies natürlich ein großer Verlust. Das löst wirkliches, tief empfundenes Leid in uns aus. Ebenso können wir Tage damit verbringen, uns darüber Gedanken zu machen, dass uns jemand nicht mag oder dass wir nicht das Richtige gesagt oder getan haben oder dass wir nicht die gewünschte Unterstützung bekommen. Dies sind relativ geringe Leiden, doch wir geben ihnen so viel Aufmerksamkeit, dass sie bald all unsere Gedanken okkupieren.

Wenn wir mit kleineren Leiden umzugehen wissen, wird es uns nicht schlecht gehen. Wir lernen, das loszulassen, was die Franzosen *petites misères* (kleines Elend) nennen, und unsere Energie dafür aufzusparen, die wirklichen und unabwendbaren Schmerzen von Krankheit und Verlust zu umarmen und zu lindern.

Den Pfeil zurückhalten

Im *Sallatha Sutta* findet sich eine buddhistische Unterweisung, bekannt unter dem Namen »der Pfeil«. Darin heißt es, dass Sie, von einem Pfeil getroffen, die Schmerzen an der Stelle Ihres Körpers spüren, an der der Pfeil Sie trifft. Wenn ein zweiter Pfeil Sie an derselben Stelle trifft, verdoppelt sich der Schmerz nicht nur, sondern er verzehnfacht sich.

Die unwillkommenen Dinge, die manchmal im Leben passieren – wir erfahren Ablehnung, verlieren einen wertvollen Gegenstand, fallen bei einer Prüfung durch, werden bei einem Unfall verletzt –, sind Beispiele für den ersten Pfeil. Sie verursachen ein gewisses Maß an Schmerz. Den zweiten Pfeil schießen wir selbst ab. Er ist unsere Reaktion auf den Schmerz, unsere Geschichte, die wir darum weben, und unsere Angst. All dies vergrößert den Schmerz. Oft hat das große Unglück, über das wir grübeln, noch nicht einmal stattgefunden. Wir ängstigen uns vielleicht, dass wir Krebs haben und bald sterben könnten. Wir wissen es nicht und die Angst vor dem Unbekannten lässt den Schmerz noch anwachsen.

Der zweite Pfeil kann auch die Form einer Bewertung annehmen (»Wie konnte ich so dumm sein?«), sich als Angst (»Was soll ich tun, wenn die Schmerzen nicht mehr weggehen?«) oder als Wut äußern (»Ich hasse es, Schmerzen zu haben. Das habe ich nicht verdient!«). Schnell beschwören wir in unserem Geist eine Atmosphäre der Negativität herauf, die den Stress des aktuellen Geschehens potenziert. Zur Kunst, auf gute Weise zu leiden, gehört es, den Schmerz nicht dadurch zu vergrößern, dass wir uns in Angst und Verzweiflung verlieren. Wir stärken und erhalten unsere Energiereserven, um mit den großen Fällen von Leid richtig umzugehen; die kleineren Fälle lassen wir los.

Es ist ganz normal, Angst und Sorgen zu spüren, wenn Sie Ihre Arbeit verlieren. Tatsächlich verursacht Arbeitslosigkeit oft Leid und geht in manchen Ländern mit der realen Gefahr einher, nicht genug zu essen oder kein Geld für Medizin zu haben. Doch Sie müssen dieses Leid nicht dadurch vergrößern, dass Sie in Ihrem Kopf Geschichten kreisen lassen, die noch schlimmer sind als die Realität. Einige denken in einer solchen Situation: »Ich bin nicht gut genug« oder »Ich werde nie wieder Arbeit finden« oder »Ich habe meine Familie enttäuscht«. Erinnern Sie sich daran, dass alles vergänglich ist. Leidvolles – aber auch sein Gegenteil – kann jedem Menschen in jedem Augenblick geschehen.

Anstatt positive Energie mit Selbstvorwürfen zu vergeuden oder zwanghaft auf die nächste Katastrophe zu lauern, vergegenwärtigen Sie sich das reale Leid, das sich genau hier und jetzt vor Ihnen abspielt. Achtsamkeit bedeutet wahrzunehmen, was im gegenwärtigen Moment geschieht. Ja, es gibt tatsächlich Leid; doch ist es auch eine Tatsache, dass Sie noch am Leben sind. »Einatmend weiß ich, dass ich lebe.« Ihre Augen sehen noch. »Einatmend werde ich mir meiner Augen bewusst. Ausatmend schenke ich meinen Augen ein Lächeln.«

Es ist wunderbar, über gesundes Augenlicht zu verfügen. Gesunde Augen lassen Sie in jedem Moment ein Paradies voller Formen und Farben wahrnehmen. Unter uns leben Menschen, die erblindet sind. Sie haben keinen Zugang mehr zum sich ständig verändernden Kaleidoskop der Formen und Farben; sie wünschen sich nichts sehnlicher, als diese Fähigkeit zurückzuerlangen. Doch Sie müssen nur die Augen öffnen, um in dieses Kaleidoskop einzutauchen. Es ist paradiesisch, wenn es Ihnen nur gelingt, das zu erkennen und zu würdigen. Wenn Sie sehen können, öffnen Sie einfach die Augen und freuen sich. Glück ist jetzt möglich – auch wenn nicht alles perfekt ist.

Wenn Sie bemerken, dass ein geliebter Mensch voller Sorgen ist, können Sie ihm helfen, aus dem Kummer herauszufinden. »Liebling, siehst du den Sonnenuntergang? Spürst du schon den Frühling?« Das ist Achtsamkeit. Achtsamkeit macht uns auf das aufmerksam, was genau jetzt geschieht. Voraussetzungen für unser Glück gibt es in jedem Moment, sowohl in uns als auch um uns herum.

Komplexe und die Vorstellung von einem eigenständigen Selbst

Der zweite Pfeil, den wir auf uns selbst abschießen, kommt meistens aus unseren Überzeugungen. Ein grundsätzliches Problem, das uns viel Leid beschert, ist die Vorstellung eines eigenständigen Selbst und die Unterlegenheits-, Überlegenheits- und Gleichheitskomplexe, die damit einhergehen. Solange wir der Vorstellung eines eigenständigen Selbst anhängen, versuchen wir, dieses Selbst zu schützen, und rennen vor jeder Art von Bedrohung und Unannehmlichkeit davon. Die Ich-Vorstellung mag weder Einsamkeit, Wut noch Angst. Sie tut so, als gäbe es kein Leid. »Es ist nichts«, sagt das Ich oder Selbst und versucht nervös, alles unter den Teppich zu kehren.

Den überflüssigen Schmerz durch einen zweiten Pfeil kreieren wir selbst, indem wir auf unangenehme Situationen damit reagieren, uns selbst mit anderen zu vergleichen und so die Illusion der Abgetrenntheit noch zu verstärken. Eine flüchtige Befriedigung stellt sich ein, wenn wir uns sagen können: »Ich bin besser als er. Es interessiert mich nicht, was er sagt.« Das ist der Überlegenheitskomplex. Oder wir versuchen, uns gegenüber Enttäuschungen zu immunisieren, indem wir uns sagen: »So gut wie sie werde ich niemals sein. Jeder

Versuch ist zwecklos.« Darin drückt sich ein Unterlegenheitskomplex aus. Die meisten Menschen meinen, der beste Weg, mit diesen Gefühlen umzugehen, sei es zu glauben: »Wir sind gleich.« Doch auch dies ist Ausdruck eines verwirrten Geistes.

Gleichheit in Bezug auf Chancen und den Zugang zu Ressourcen beziehungsweise der respektvolle Umgang mit jedermanns Bedürfnissen und Gefühlen ist eine gute Sache. Doch der ständige Versuch eines Beweises, man sei gleich wie alle anderen, sorgt nur kurzfristig für etwas Erleichterung vom Schmerz der Diskriminierung. Letztlich führt er sogar zu noch mehr Leid, denn er bekräftigt unseren falschen Glauben an ein abgetrenntes Selbst. Wenn wir denken: »Ich fordere mein Recht ein, so gut wie er zu sein«, existiert darin immer noch die Vorstellung eines abgetrennten Selbst und so wird es immer ein Vergleichen geben. Solange Sie sich vergleichen, leiden Sie unter der Angst, zu kurz zu kommen, und, schlimmer noch, bleiben der schmerzhaften Täuschung von Isolation und Entfremdung verhaftet.

Das grünere Gras: die Geschichte von Buddha und Mara

Die folgende Geschichte über Buddha und Mara illustriert das Problem, das durch Komplexe entsteht. In buddhistischen Geschichten ist Mara die Personifikation von Verderbtheit, Täuschung und allem, das uns leiden macht.

Der Buddha hielt sich zu einem Einzelretreat in einer Höhle auf. Sein Assistent und Schüler, der ehrwürdige Ananda, ging in dieser Zeit Almosen sammeln und teilte nach seiner Rückkehr die Gaben zur Hälfte mit dem Buddha. Eines Morgens meditierte der Buddha in der Höhle, der ehrwürdige Ananda saß davor und sah jemanden näher kommen. Ananda ahnte, dass es jemand Bekanntes war. Es war Mara!

Ananda wollte sich verstecken, sodass Mara niemanden sehen und den Buddha in der Höhle auch nicht stören würde. Doch es war zu spät. Mara stieg zu Ananda hoch und fragte: »Ehrwürdiger Ananda, ist dein Lehrer da?« Ananda wollte lügen und sagen: »Nein, der Buddha ist nicht da. Er ist nach … gegangen«, zu einem Treffen, einer Konferenz oder dergleichen. Doch zu lügen gehört sich nicht für einen Mönch, also erwiderte er schließlich: »Warum fragst du?«

Mara sagte: »Ich möchte den Buddha besuchen.«

Ananda entgegnete erzürnt: »Verschwinde! Du bist kein Freund des Buddha. Du bist sein Feind. Erinnerst du dich nicht, wie du versucht hast, den Buddha vom Erwachen unter dem Bodhi-Baum abzuhalten, und dann von ihm vernichtend besiegt wurdest? Der Buddha will dich nicht sehen.«

Als Mara dies hörte, begann er zu lachen: »Haha, tatsächlich? Dein Buddha hat Feinde? Ich dachte, er habe gesagt, er habe keine Feinde. Und jetzt hat er welche?«

Ananda fühlte sich in der Klemme. Also ging er in die Höhle und fragte den Buddha, ob er Mara treffen wolle. Er hoffte, der Buddha würde verneinen. Doch als der Buddha hörte, wer draußen auf ihn wartete, sagte er: »Mara? Lass ihn herein.« Ananda war sehr enttäuscht, doch er kam seiner Pflicht nach und ließ Mara eintreten.

Als Mara die Höhle betrat, stand der Buddha auf und hieß ihn willkommen wie einen Edelmann. Er lud Mara ein, in einer besonderen Ecke Platz zu nehmen, und bat Ananda, Mara Tee und Wasser zu servieren. Ananda war frustriert. Für den Buddha hätte er gern zweihundertmal am Tag Tee gebracht, aber nicht für Mara. Doch er ging hinaus, brachte Tee für Mara und hoffte, die beiden würden sich nicht lange unterhalten. Doch die Unterhaltung sollte sehr lange dauern.

Der Buddha und Mara sprachen miteinander wie beste Freunde. Der Buddha fragte: »Mara, wie ist es dir ergangen? Wie geht es dir?«

Mara erwiderte: »Nicht so gut.«

»Was ist passiert?«, fragte der Buddha.

Mara erzählte: »Meine Schüler hören mir nicht mehr zu. Sonst taten sie immer alles, was ich ihnen sagte, doch neuerdings rebellieren sie. Meine Generäle, Soldaten und Schüler wollen Achtsamkeit, Gehmeditation und Essen in Stille üben. Sie wollen die Erde retten. Ich weiß nicht mehr, wie ich sie erreichen kann. Ehrwürdiger Buddha, ich bin es so müde, Mara sein zu müssen; ich möchte jemand anderer sein. Glaube nicht, dass es so einfach ist, Mara zu sein. Es bedeutet alles andere als wilde Partys, Spiel und Spaß.«

Der Buddha lachte. »Glaubst du, es ist ein großer Spaß, der Buddha zu sein? Weißt du, dass Menschen behaupten, ich hätte etwas gesagt, was ich in Wirklichkeit nie gesagt habe? Sie tun Dinge, zu denen ich sie niemals ermutigt habe, doch sie behaupten, ich hätte sie dazu angestiftet. Ich habe mein hohes Ansehen, meine Position als Prinz und die endlose Verfügbarkeit aller denkbaren Sinnenfreuden hinter mir zurückgelassen. Ich habe den Thron aufgegeben, habe meine wundervolle Frau und unser Kind verlassen, auf zukünftige Kinder und Reichtum verzichtet, um Befreiung zu erlangen.

Doch jetzt kommen Menschen zum Tempel, um zu beten, und bitten um all die Dinge, auf die ich verzichtet habe! Sie bitten nicht um Frieden oder Glück; sie bitten um viel Geld oder Macht oder um gute Prüfungsergebnisse für ihre Kinder. Sie erbauen ein großes Haus und behaupten, es sei mein Haus. Doch es ist nur ein Platz, an dem die Menschen vorbeikommen und Essen, Bananen, süßen Reis und Geld darbieten, um noch mehr Geld zu bekommen, das sie für sich ausgeben wollen. Sie fertigen Statuen von mir an und kleben all ihr Geld an meinen Körper. Wenn sie meinen Geburtstag feiern, verfrachten sie meine Statue auf einen Wagen und fahren damit gedankenlos durch die Stadt, während mein Körper von Seite zu Seite schwankt. Das wollte ich nie. Also glaube nicht, Buddha zu sein sei das große Glück. Wollen wir tauschen?«

Ananda fürchtete, Mara würde zustimmen, doch glücklicherweise tat er dies nicht.

Dann sagte der Buddha: »Mara, du tust deine Arbeit. Tu sie, so gut du kannst. Ich erledige meinen Job. Nichts auf der Welt ist immer einfach. Ich weiß, Mara zu sein ist sehr schwer. Doch auch der Buddha zu sein ist nicht einfach. Jeder von uns muss seine Rolle mit ganzem Herzen ausfüllen.«

Jedes Leben hat seine eigenen Herausforderungen und Wagnisse. Wir können ihnen mit mehr Geschick begegnen, wenn wir keine Zeit und Energie darauf vergeuden, einen zweiten Pfeil auf uns selbst abzuschießen, indem wir zum Beispiel den Glauben in uns nähren, das Gras im Garten unseres Nachbarn wäre viel grüner als das in unserem eigenen.

5
Fünf Übungen, um das Glück zu nähren

Wir müssen nicht auf das Ende allen Leids warten, bevor wir glücklich sein können. Das Glück ist hier und jetzt erfahrbar. Doch dafür müssen wir unsere Vorstellung von Glück verändern, denn diese Vorstellung selbst ist möglicherweise unser größtes Hindernis, wahres Glück zu erleben.

In den Tiefen des Meeres gibt es Austern, die keine Augen haben. Sie haben noch nie den blauen Himmel und die Sterne gesehen. Wir haben Augen, wir können den wunderschönen Himmel über uns sehen, doch oft schätzen wir nicht, was wir haben. Die meiste Zeit ignorieren wir es einfach. Es existieren mehr Möglichkeiten und Voraussetzungen des Glücks, als wir zählen können, viel mehr, als es braucht, um uns im Hier und Jetzt glücklich sein zu lassen. Wenn Sie in der Lage sind, ein Buch zu lesen, diese Worte zu erfassen und zu verstehen, dann haben Sie schon viel mehr Glück als viele andere Menschen.

Der Unterschied zwischen Freude und Glück

Wir sind in der Lage, sowohl Freude als auch Glück zu empfinden. Die buddhistischen Lehren unterscheiden beides. In der Freude steckt noch ein Element von Aufregung. Stellen Sie sich jemanden vor, der ohne Trinkwasser durch die Wüste wandert. Plötzlich sieht er vor sich eine Oase – Bäume, die Schatten spenden, und einen See mit frischem Wasser – und er empfindet Freude. Erreicht er den See, schöpft Wasser und trinkt es, erlebt er Glück. Sie können beides erfahren.

Es ist ganz einfach. Atmen Sie ein, bringen Sie Ihren Geist zu Ihrem Körper zurück, verankern Sie sich im Hier und Jetzt und nehmen Sie wahr, was um Sie herum geschieht. Wenn Ihnen bewusst wird, wie viel Positives bereits um Sie herum existiert, werden Freude und Glück in Ihnen aufsteigen.

Warum hat der Buddha weiterhin meditiert?

Als junger Mönch sann ich darüber nach, warum der Buddha auch dann noch fortfuhr, Achtsamkeitsmeditation zu praktizieren, als er schon ein Buddha geworden war. Heute denke ich, die Antwort ist einfach zu verstehen. Wie alles in der Welt ist auch das Glück unbeständig. Um Ihr Glück zu verlängern und zu erneuern, müssen Sie lernen, wie Sie es nähren können. Nichts kann ohne Nahrung überleben, auch das Glück nicht. Ihr Glück wird erlöschen, wenn Sie nicht wissen, wie Sie es nähren können. Wenn Sie eine Blume pflücken und sie nicht ins Wasser stellen, wird sie in wenigen Stunden verwelken. Selbst wenn sich das Glück bereits zeigt, müssen wir es kontinuierlich nähren. Dies wird mitunter Konditionierung genannt und es ist sehr wichtig. Mit den folgenden fünf Übungen können wir in unserem Körper und Geist die Bedingungen für Glück schaffen, indem wir die positiven Samen einladen, achtsam sind, uns konzentrieren und zu Einsicht gelangen.

Die erste Übung: Loslassen

Die erste Methode, Freude und Glück zu erlangen, besteht darin, etwas abzulegen und hinter sich zurückzulassen. Es gibt eine Freude, die durch Loslassen entsteht. Viele von uns haben sich an so viele Dinge gebunden. Wir glauben, diese Dinge wären für unser Überleben, unsere Sicherheit oder unser Glück notwendig. Doch vieles davon – oder besser gesagt, unser Glaube an die pure Notwendigkeit all dessen – entpuppt sich als tatsächliches Hindernis, Freude und Glück zu erleben.

Manchmal mögen Sie vielleicht glauben, eine ganz bestimmte Karriere, ein Diplom, ein bestimmtes Gehalt, das richtige Haus oder der richtige Partner seien wesentlich für Ihr Glück. Sie glauben, ohne all dies könnten Sie nicht leben. Doch auch wenn Sie alles erreicht, den gewünschten Partner haben, leiden Sie weiter. Gleichzeitig haben Sie Angst, dass Sie noch unglücklicher sein werden, wenn Sie verlieren, was Sie erreicht haben. Ohne das Objekt Ihrer Anhaftung wird es Ihnen noch schlechter gehen, glauben Sie. Sie können nicht mit und nicht ohne sein.

Gelingt es Ihnen, Ihre angstvolle Anhaftung eingehend zu betrachten, werden Sie verstehen, dass diese das eigentliche Hindernis für Ihre Freude und Ihr Glück ist. Dann werden Sie in der Lage sein, loszulassen. Loslassen erfordert mitunter großen Mut. Doch sobald Sie losgelassen haben, stellt sich umgehend Glück ein. Sie brauchen nicht lange danach zu suchen.

Wenn Sie in einer Großstadt leben, sind Sie von viel Lärm, Schmutz und Gerüchen umgeben, aber auch von vielen Möglichkeiten und aufregenden Dingen. Stellen Sie sich vor, eines Tages überredet Sie eine Freundin, für ein paar Tage aufs Land zu fahren. Zuerst sagen Sie vielleicht: »Das schaffe ich nicht. Ich habe zu viel zu tun und verpasse vielleicht einen wichtigen Anruf.« Doch schließlich lassen Sie sich überzeugen und schon ein, zwei Stunden später finden Sie sich auf dem Land wieder. Sie sehen die offene Weite, den Himmel und Sie spüren den Windhauch auf Ihren Wangen. Glück ist Ihnen allein aus der Tatsache erwachsen, dass Sie die Stadt hinter sich lassen konnten. Wie hätten Sie diese Freude erfahren können, wenn Sie in der Stadt geblieben wären? Sie mussten loslassen.

Die eigenen Kühe freilassen

Eines Tages saß der Buddha gemeinsam mit einigen Mönchen in einem Wald. Sie waren gerade vom Almosengang zurückgekehrt und wollten ein achtsames

Mahl miteinander teilen, als ein aufgeregter Bauer vorbeikam.

Er fragte den Buddha: »Mönch, habt Ihr ein paar Kühe vorbeilaufen sehen?«

»Was für Kühe?«, fragte der Buddha.

Der Mann sagte: »Ich habe vier Kühe und aus irgendeinem Grund sind sie alle heute Morgen weggelaufen. Dazu kommt, dass ich ein Hektar Land mit Sesam habe. Doch in diesem Jahr haben mir die Insekten die ganze Ernte weggefressen. Ich habe alles verloren, meine Ernte und meine Kühe. Ich könnte mich umbringen.«

Der Buddha sagte: »Lieber Freund, wir sitzen hier seit fast einer Stunde und haben keine Kühe vorbeikommen sehen. Vielleicht solltest du sie in der anderen Richtung suchen.« Als der Bauer verschwunden war, sah der Buddha seine Freunde an und sagte mit einem wissenden Lächeln: »Liebe Freunde, ihr seid sehr glücklich. Ihr habt keine Kühe, die ihr verlieren könntet.«

Ich kenne eine reiche Frau, die in New York lebt und einmal ein Grundstück gekauft hatte, das sich in Nachbarschaft zu ihrem eigenen Haus befand. Darauf wollte sie ein großes Apartmenthaus bauen lassen und dies dann mit großem Gewinn verkaufen. Eine Freundin besuchte sie, sah aus dem Fenster und genoss den freien Ausblick auf den blauen Himmel. Man konnte auch auf die George-Washington-Brücke sehen. Sie wandte sich der Frau zu und sagte: »Bau dieses Apartmenthaus nicht. Ansonsten verlierst du diesen wundervollen Ausblick. Und auch deine Nachbarn hätten dann keinen freien Blick mehr. Du wirst den blauen Himmel und den Fluss nicht mehr sehen können. Du musst nur hier stehen und hinausblicken und schon bist du glücklich. Was bringt dir das viele Geld, wenn du dafür Schönheit und Glück hergeben musst?«

Die Frau vermochte den Rat anzunehmen. Sie änderte ihre Pläne. Auf den weisen Rat einer Freundin hörend, ließ sie eine große Kuh frei.

Eine unserer größten Kühe ist unsere engstirnige Idee von Glück. Nur aufgrund einer Idee leiden wir, und zwar so lange, bis wir die Idee loslassen können. Dann sind wir sofort glücklich.

Ein ganzes Land kann sich von einer solchen Kuh gefangen nehmen lassen. Eine Nation mit Hunderten von Millionen Menschen kann an irgendeine Ideologie glauben und meinen, diese sei notwendig, um eine Supermacht in der Welt zu werden, und nur dann würde das Volk glücklich sein. Alles wird in diese Ideologie investiert, sie gilt als der beste und einzige Weg. Staaten können jahrhundertelang an einer solchen Kuh festhalten und währenddessen leiden die Menschen enorm. Doch eines Tages mag das Land bereit sein, sich zu verändern, und stellt fest, dass es auf andere Weise glücklicher werden kann. Wir alle haben viel zu fixe Ideen über das Glück im Kopf. Wir alle halten uns Kühe, denen wir die Freiheit schenken sollten.

Denken Sie darüber nach, Ihre Kühe freizulassen. Nehmen Sie einen Zettel zur Hand und schreiben Sie die Namen Ihrer Kühe, die Namen all dessen auf, wovon Sie glauben, es wäre für Ihr Wohlbefinden notwendig. Vielleicht beginnen Sie noch in dieser Woche damit, eine davon freilassen. Vielleicht auch zwei. Möglicherweise kann es aber auch ein Jahr oder länger dauern, bis sie eine befreien können. Je mehr Kühe Sie freilassen, desto freudvoller und glücklicher werden Sie sein.

Badhiyas Geschichte

Badhiya war ein Cousin des Buddha und Gouverneur einer Provinz des Königreichs Sakya im heutigen Indien. Eines Tages besuchten ihn ein paar Freunde, die Mönche und Schüler des Buddha waren, und luden ihn ein, sich ihrer Gemeinschaft anzuschließen. Er zögerte. Als Gouverneur hatte er die Befehlsgewalt über viele Soldaten, besaß Geld und Macht. Doch schließlich überredeten ihn seine Freunde. Er ließ alles zurück, kam mit leeren Händen in den Wald und wurde vom Buddha als Mönch ordiniert. Er verlor sein großes Haus und lebte fortan nur noch mit drei Roben, einer Schale und einer Sitzmatte.

Eines Nachts meditierte Badhiya zu Füßen eines Baumes. Plötzlich seufzte er: »O mein Glück, o mein Glück.« In der Nähe saß ein anderer Mönch, der dies hörte und dachte, Badhiya würde es bereuen, seine Position als Gouverneur aufgegeben zu haben. Früh am Morgen ging der Mönch zum Buddha und berichtete ihm: »Lieber Lehrer, letzte Nacht meditierte ich. Plötzlich hörte ich den Mönch Badhiya die Worte sagen: ›O mein Glück, o mein Glück.‹ Ich glaube, er hat Probleme.«

Der Buddha schickte jemanden zu Badhiya, um ihn einzuladen. Vor einer Gruppe von Mönchen sprach er zu ihm: »Badhiya, stimmt es, dass du letzte Nacht während einer Meditation zweimal sagtest ›O mein Glück, o mein Glück‹?« Badhiya erwiderte: »Ja, ehrwürdiger Lehrer, diesen Satz habe ich zweimal gesagt.«

»Könntest du uns erklären, warum du diese drei Wörter während der Nacht zweimal ausgesprochen hast?«, fragte der Buddha.

Badhiya antwortete: »Lieber Lehrer, als ich noch Gouverneur war, wurde mein Palast von Hunderten Soldaten bewacht. Doch ich war trotzdem voller Furcht. Ich hatte Angst, Räuber würden kommen, mich umbringen oder alles Wertvolle stehlen. Tag und Nacht fürchtete ich mich. Doch letzte Nacht verstand ich, dass ich nun nichts mehr zu verlieren habe. Ich saß draußen im Wald zu Füßen eines Baumes und wie nie zuvor in meinem Leben fühlte ich mich vollkommen sicher. Niemand trachtet mir mehr nach dem Leben, denn ich besitze weder Macht noch Reichtum. Mir können keine Juwelen gestohlen werden. Ich besitze nichts. Und so habe ich schließlich alles. Ich empfinde ein solches Glück, eine solche Freiheit. Deshalb sprach ich die Worte: ›O mein Glück, o mein Glück.‹ Falls ich jemanden gestört haben sollte, tut mir das leid.«

Die zweite Übung: gute Samen einladen

Wir alle tragen tief in unserem Bewusstsein viele »Samen«. Diejenigen, die wir wässern, sprießen, steigen in unser Gewahrsein auf und manifestieren sich. In unserem eigenen Bewusstsein existieren Paradies und Hölle gleichermaßen. Wir sind in der Lage, mitfühlend, verständnisvoll und voller Freude zu sein. Wenn wir nur den negativen Dingen, besonders den in der Vergangenheit liegenden Verletzungen, Aufmerksamkeit zollen, richten wir uns in unserem Leid ein und versorgen uns nicht mit positiver Nahrung. Indem wir Kontakt mit den positiven Dingen aufnehmen, die jederzeit in und um uns herum existieren, üben wir uns in angemessener Aufmerksamkeit und fördern die heilsamen Qualitäten in uns. Das ist gute Nahrung für unseren Geist.

Eine Möglichkeit, uns um unser Leid zu kümmern, besteht darin, den Samen einer gegenteiligen Qualität in unser Bewusstsein einzuladen. Da nichts ohne sein Gegenteil existiert, tragen wir sowohl einen Samen der Arroganz als auch einen des Mitgefühls in uns. Üben wir uns jeden Tag in mitfühlender Achtsamkeit, wird der Samen des Mitgefühls in uns erstarken. Wir müssen uns einfach nur darauf konzentrieren, und er wird sich als kraftvolles Feld mitfühlender Energie in uns zeigen.

Wenn Mitgefühl wächst, nimmt die Arroganz auf ganz natürliche Weise ab. Wir müssen sie nicht bekämpfen oder unterdrücken. Wir haben die Wahl, wir können die guten Samen wässern und die negativen vernachlässigen. Das bedeutet nicht, dass wir unser Leid ignorieren; es bedeutet, dass wir den guten Samen Aufmerksamkeit schenken und ihnen Nahrung zukommen lassen.

Die dritte Übung: Freude, die in Achtsamkeit gründet

Achtsamkeit hilft uns nicht nur, mit unserem Leiden in Berührung zu kommen, sodass wir es umarmen und transformieren können; sie ermöglicht uns auch, die Wunder des Lebens, wie zum Beispiel unseren eigenen Körper, wahrzunehmen. So kann das Ein- und Ausatmen zu einem wahren Vergnügen werden. Sie lernen, Ihren Atem wahrhaftig zu genießen.

Vor einigen Jahren litt ich an einer Viruserkrankung der Lunge. Ich spuckte Blut. Es war anstrengend für mich zu atmen und noch schwieriger, Glück dabei zu empfinden. Durch eine Behandlung wurde meine Lunge wieder gesund und ich konnte endlich wieder gut atmen. Heute muss ich mich einfach nur daran erinnern und jeder Atemzug ist eine wahre Wohltat.

Wenn wir achtsames Atmen oder achtsames Gehen praktizieren, führen wir unseren Geist nach Hause zu unserem Körper zurück und verankern uns im Hier und Jetzt. Wir schätzen uns so glücklich; wir verfügen schon jetzt über so viele Möglichkeiten des Glücks. Freude und Glück liegen direkt vor uns. Daher ist Achtsamkeit eine Quelle der Freude, eine Quelle des Glücks.

Achtsamkeit ist eine Energie, die Sie den ganzen Tag lang durch Ihre Praxis erzeugen können. Sie können den Abwasch achtsam erledigen. Sie können das Abendessen achtsam zubereiten. Sie können den Flur achtsam wischen. Und Sie können achtsam Kontakt mit allen verfügbaren Quellen des Glücks und der Freude aufnehmen. Sie sind ein wahrer Künstler, eine wahre Künstlerin. Sie wissen, wie Sie jederzeit Freude und Glück erschaffen können. Das sind die Freude und das Glück, die aus Achtsamkeit entstehen.

Das Sitzen genießen

Die Sitzmeditation ist eine weitere Möglichkeit, Heilung und freudvolle Momente zu erleben. Sie berauben sich jedoch dieser Möglichkeit, wenn Sie sich zum Sitzen zwingen und nur auf die Glocke warten, die das Ende der Meditation ankündigt. Das ist Zeitverschwendung. Diese seltenen, wertvollen Momente Ihres Lebens werden niemals zurückkehren. Viele Menschen auf dieser Erde haben entweder nicht die Möglichkeit, in Stille zu sitzen, oder sie tun es nicht, weil sie es als unökonomisch oder als puren Luxus betrachten; sie sagen: »Zeit ist Geld.« Doch wir wissen, dass das Sitzen äußerst heilend und auf seine eigene Weise gewinnbringend sein kann. Deshalb müssen wir lernen, wie wir jeden Moment des Sitzens genießen können – wie wir atmen, wie wir sitzen müssen, damit jeder Moment des Sitzens uns nährt und heilt.

Freudvolles Gehen

Viele von uns leben in ständiger Eile. Wir können uns nicht an unserem Gehen erfreuen. Doch immer, wenn es uns gelingt, unseren Geist mit unserem Atem und unseren Schritten zu vereinen, können Freude und Frieden in uns erwachen und wir spüren die Wunder des Lebens. Unser Körper ist ein Wunder. Ebenso wie eine Blume ist er ein Wunder des Lebens. Weil wir unentwegt in Eile sind, sind wir mit vielen Wundern des Lebens in und um uns nicht in Berührung. Wir suchen ständig nach etwas, vielleicht nach ein bisschen Glück. So leben wir am Leben vorbei; wir laufen herum wie Zombies, starren auf unser Smartphone oder verlieren uns in Gedanken. Wir genießen nicht die Schritte, die wir tun.

In Plum Village praktizieren wir Gehmeditation mit der Sangha, der Gemeinschaft der Übenden. Wenn uns jemand fragen würde, weshalb wir dies tun, was der Sinn und Zweck der Gehmeditation ist, hätten wir einige Antworten parat. Doch die beste Antwort für mich lautet: »Weil ich es gern tue.« Ich genieße jeden Schritt; jeder Schritt macht mich glücklich. Gehmeditation ist eine sinnlose Zeitverschwendung, wenn Sie nicht jeden Schritt genießen.

Genauso verhält es sich mit der Sitzmeditation. Wenn Sie jemand fragt, welchen Sinn es hat, einfach zu sitzen und nichts zu tun, ist die beste Antwort: »Weil ich das

Sitzen genieße.« Eine Sitzmeditation, die nicht zu innerem Frieden und innerer Freude führt, hat selbst dann keinen Sinn, wenn Sie sie täglich zehn Stunden lang praktizieren. Wir müssen lernen, wie man sitzt, damit wir Frieden und Freude während des Sitzens schaffen können. Ebenso müssen wir das Gehen erlernen, damit wir jeden einzelnen Schritt genießen können. Es ist wunderbar, auf unserem Planeten Erde zu gehen. Manche Wissenschaftler verbringen Monate im All, weit entfernt von der Erde. Kehren sie zurück, sind sie einfach glücklich, ihre Füße wieder auf die Erde zu setzen.

Es geht um die Qualität des Gehens und Sitzens. Wir wissen, dass Achtsamkeit und Konzentration unserem Gehen, Atmen und Sitzen eine höhere Qualität verleihen. Erleuchtung ist immer Erleuchtung über etwas. Sie sind gewahr, dass Sie am Leben sind; das ist bereits Erleuchtung. Sie sind sich bewusst, dass Sie einen Körper haben; das ist schon Erleuchtung. Sie sind gewahr, dass Ihre Füße stark genug sind, Ihnen ein genussvolles Gehen zu ermöglichen; auch das ist Erleuchtung.

Wenn Sie sich die Zähne putzen, können Sie sich entscheiden, dies achtsam zu tun. Sie denken an nichts anderes und fokussieren Ihre Aufmerksamkeit vollständig darauf. Vielleicht verbringen Sie zwei, drei Minuten damit. In dieser Zeit erzeugen Sie einfach durch achtsame Konzentration auf Ihre Zähne und das Putzen eine

Energie von Freude und Glück. Selbst den Gang auf die Toilette kann man genießen. Achtsamkeit kann alles verändern, indem sie uns hilft, wirklich im Hier und Jetzt zu sein und zu genießen, was immer wir tun.

Viele von uns haben ihr ganzes Leben damit verbracht, nach materiellen und emotionalen Annehmlichkeiten zu streben. Vielleicht sind wir sogar erfolgreich damit gewesen, haben genug Geld und jemanden, der uns liebt und versteht – und doch sind wir nicht glücklich. Das mag daran liegen, dass wir keine Achtsamkeit praktizieren. Achtsamkeit würde uns helfen, die vielen bereits vorhandenen Möglichkeiten des Glücks zu erkennen.

Morgenvers, um das Glück zu nähren

Wenn Sie morgens aufwachen, sollten Sie als Erstes achtsam ein- und ausatmen und sich bewusst machen, dass Ihnen vierundzwanzig nagelneue Stunden zur Verfügung stehen. Das ist das Geschenk des Lebens.

Nachdem ich als Novize ordiniert worden war, musste ich viele kurze Verse auswendig werden, die mir dabei helfen sollten, Achtsamkeit zu praktizieren.

Der erste Vers lautet:

Ich wache auf und lächle.
Vierundzwanzig neue Stunden liegen vor mir.

Ich gelobe, jeden Augenblick ganz bewusst zu leben und alle Wesen mit den Augen des Mitgefühls zu betrachten.

Das sind vier Zeilen. Die erste Zeile begleitet Ihr Einatmen, die zweite Ihr Ausatmen, die dritte wieder Ihr Einatmen und die vierte schließlich Ihr Ausatmen. Richten Sie Ihre Aufmerksamkeit während des Atmens auf die Bedeutung der Worte. Sie wollen diese Ihnen gewährten vierundzwanzig Stunden so nutzen, dass Frieden, Freude und Glück möglich werden. Sie sind entschlossen, Ihre vierundzwanzig Stunden nicht zu vertun, denn Sie wissen, sie sind ein Geschenk des Lebens, ein Geschenk, das Sie jeden Morgen erhalten. Das ist Achtsamkeit.

Mehr als fünfzig solcher Verse muss jeder neue Mönch und jede neue Nonne auswendig lernen und während des Tages praktizieren. Wenn sie sich die Zähne putzt, rezitiert sie still ein Gedicht. Wenn er zur Toilette geht, gibt es dafür einen entsprechenden Vers. Wenn sie ihre Robe anlegt, einen anderen. Achtsamkeitspraxis bedeutet, alles bewusst wahrzunehmen, was Sie in Ihrem täglichen Leben tun, um jeden Moment, der Ihnen geschenkt wurde, tiefer zu leben und um zu verhindern, Ihre Zeit und Ihr Leben zu verschwenden.

Glück schaffen
Wir wissen, wie wir Glück durch Achtsamkeit nähren können. Wir kommen in Berührung mit den wundervollen Elementen des Lebens in und um uns. Wir müssen nicht umherirren und wir müssen auch nicht in die Zukunft blicken. Die Bedingungen des Glücks sind bereits da. Durch Achtsamkeit entdecken wir die Tatsache, dass alles, was wir benötigen, um glücklich zu sein, bereits ausreichend vorhanden ist, und sogar mehr als das. Glück ist jetzt möglich. Gehen kann ein Fest sein. Sie können das Atmen feiern. Wenn wir achtsam sitzen, feiern wir das Sitzen und das Leben.

So, wie uns die Achtsamkeit dabei hilft, all unsere kleinen Sorgen loszulassen, so unterstützt sie uns dabei, all die kleinen Glücksmomente zu genießen und auszudehnen.

Ob Sie eine Tasse Tee trinken, einen Spaziergang machen oder einfach sitzen und schauen, immer können Sie währenddessen Glück erleben. Menschen beklagen sich mitunter, dass es für sie kein Glück im Leben gebe. Doch wir sollten die vielen kleinen Freuden, die uns das Leben bietet, aufspüren und sie wachsen lassen.

Es gibt viele talentierte Menschen mit hohen Bildungsabschlüssen und langen Titeln. Manche von ihnen sind in der Lage, revolutionäre neue Maschinen und Computeranwendungen zu entwickeln. Wir sollten sie fragen: »Können Sie einen Moment des Glücks erschaffen?« Wenn Sie wissen, wie das geht, leisten Sie etwas wirklich Wichtiges und Nützliches.

Für eine Suppe benötigen wir Wasser, Gemüse, ein wenig Tofu, ein bisschen von diesem und von jenem. Schon mit ein paar Zutaten können Sie eine gute Suppe kochen; dafür ist nichts Außergewöhnliches notwendig. Ein kleines Glück ist wie eine Suppe. Mit ein paar Zutaten, einem offenen Geist und ein bisschen Einfallsreichtum können wir uns selbst und den Menschen um uns herum eine Freude machen. Wir können unsere schmackhafte Suppe jemandem anbieten. Wenn wir wissen, wie wir solche kleinen Glücksmomente kreieren können, verschaffen wir uns den Glücksmoment nicht nur selbst, wir können ihn verdoppeln, indem wir ihn mit jemandem teilen. Dieses Schmecken und Sich-Erfreuen an den täglichen kleinen Freuden des Lebens ist die Kunst des Glücks.

Ich möchte Ihnen vorschlagen, nun einen Zettel und einen Stift zur Hand zu nehmen und all die Bedingungen des Glücks aufzuschreiben, die es in Ihnen und um Sie herum in diesem Moment gibt. Eine Seite wird vielleicht nicht ausreichen, vielleicht noch nicht einmal zwei oder drei. Wenn Sie all diese Elemente erkennen, ist es so einfach, glücklich zu sein.

Die vierte Übung: Konzentration

Konzentration entsteht aus Achtsamkeit. Konzentration besitzt die Kraft, Ihr Leiden zu durchbrechen, die leidvollen Bedrängnisse hinwegzufegen und Freude und Glück in Ihr Leben einzulassen.

Das Verweilen im gegenwärtigen Moment braucht Konzentration. Sorgen und Ängste hinsichtlich der Zukunft gibt es immer in uns und sie warten darauf, uns mit sich zu reißen. Wir können sie erkennen, zur Kenntnis nehmen und gleichzeitig unsere Konzentration darauf richten, zum gegenwärtigen Moment zurückzukehren.

Konzentration sorgt für eine Menge Energie. Wir lassen uns nicht von Erinnerungen an vergangenes Leid oder von Ängsten über die Zukunft hinwegtragen. Wir verweilen stabil in der Gegenwart und sind in Kontakt mit den Wundern des Lebens, um Freude und Glück zu erleben.

Konzentration ist immer Konzentration auf etwas. Wenn Sie sich auf entspannte Weise auf Ihren Atem konzentrieren, entwickeln Sie eine innere Kraft. Spüren Sie Ihren Atem, konzentrieren Sie sich auf ihn mit der gesamten Kraft Ihres Herzens und Ihres Geistes. Konzentration ist keine schwere Arbeit. Sie müssen dafür keinen großen Aufwand betreiben und sich auch nicht übermäßig anstrengen. Glück entsteht auf leichte und einfache Weise.

Die fünfte Übung: Einsicht

Durch Achtsamkeit nehmen wir Spannungen in unserem Körper wahr. Wir wollen sie auflösen, doch manchmal gelingt das nicht. Was wir dann brauchen, ist Einsicht.

Einsicht ist Sehen. Es ist die Klarheit, die uns von Problemen wie Eifersucht oder Wut befreit und wahres Glück ermöglicht. Wir alle verfügen über diese Einsicht, doch wir machen nicht immer Gebrauch von ihr, um unser Glück zu mehren.

Vielleicht wissen wir, dass zum Beispiel Begierde oder Groll ein Hindernis für unser Glück darstellen und wir dadurch ängstlich werden und voller Sorgen sind. Wir wissen, das Objekt unserer Begierde ist die schlaflosen Nächte nicht wert, die wir seinetwegen verbringen. Und trotzdem fahren wir fort, unsere Zeit und Energie dorthin zu richten. Es ist wie bei einem Fisch, der schon einmal gefangen wurde und weiß, dass ein Haken im Köder steckt; wenn er Gebrauch von diesem Wissen macht, wird er nicht erneut zubeißen, denn er weiß um die Konsequenzen.

Oft verbeißen wir uns aber in unser Verlangen oder unseren Groll und hängen damit am Haken. Wir verfangen uns in Situationen und hängen an ihnen, dabei sind sie unserer Aufmerksamkeit gar nicht wert. Sind Achtsamkeit und Konzentration vorhanden, stellt sich auch die Einsicht ein und wir können sie nutzen, um frei davonzuschwimmen.

Im Frühling sind eine Menge Pollen in der Luft unterwegs und einigen von uns fällt dann das Atmen aufgrund von Allergien schwer. Auch ohne große Anstrengung und selbst während des bloßen Sitzens oder Liegens bekommen wir schlecht Luft. Deshalb sollten wir uns im Winter, wenn es keine Pollen gibt, nicht über die Kälte beklagen, sondern uns daran erinnern, wie wir im April oder Mai wegen einer Allergie manchmal nicht einmal das Haus verlassen konnten. Nun, im Winter, sind unsere Lungen frei, wir können einen Spaziergang an der frischen Luft machen und gut atmen. Wir rufen ganz bewusst Erfahrungen aus der Vergangenheit in uns wach, um das Gute wertzuschätzen, das jetzt in und um uns herum vorhanden ist.

In der Vergangenheit mögen wir an diesem oder jenem gelitten haben. Vielleicht hat es sich sogar wie die Hölle angefühlt. Wir sollten uns daran erinnern, uns nicht vom Schmerz mitreißen zu lassen, sondern die Erfahrung zu nutzen, uns vor Augen zu führen: »Wie glücklich kann ich mich jetzt schätzen! Ich bin nicht mehr in dieser Situation, wie froh kann ich jetzt sein« – dann praktizieren wir Einsicht. In diesem Moment können unsere Freude und Gewissheit, glücklich zu sein, schnell und um ein Vielfaches wachsen.

6
Glück ist keine individuelle Angelegenheit

Wir haben gesehen, dass unser Leid mit dem Leid unserer Vorfahren, dem Leid geliebter Menschen und mit dem Planeten Erde selbst verbunden ist. Wir wissen also, dass Glück keine individuelle Angelegenheit ist. Wenn es uns gelingt, glücklich zu atmen, können wir unsere Vorfahren einladen, mit uns gemeinsam freudvoll zu atmen. Wenn wir es genießen zu gehen, können wir unsere Vorfahren einladen, mit unseren Füßen zu gehen.

Teilt ein junger Mensch seinen Eltern mit: »Das ist mein Körper, das ist mein Leben. Ich kann damit machen, was ich will«, hat er damit nur teilweise recht. Er bemerkt nicht, dass er die Fortführung seiner Eltern und Vorfahren ist.

Ihr Körper gehört Ihnen nicht allein, es ist auch der Körper Ihrer Vorfahren. Ihr Körper ist das kollektive Produkt des Landes, des Volkes und der Kultur, der Sie entstammen, sowie Ihrer Vorfahren. Sie sind also nicht vollständig individuell, sondern zum Teil kollektiv.

Es gibt Menschen, die sehr großes Leid in sich tragen, überwältigendes Leid, und nicht wissen, wie sie es beenden können. Für viele beginnt dies bereits in jungen Jahren. Warum lehren unsere Schulen nicht, wie man mit Leid umgeht? Wenn das Leid so groß ist, kann man sich weder konzentrieren, noch kann man lernen, studieren oder sich auf etwas ausrichten. Das eigene Leid beeinträchtigt immer auch andere. Je mehr jeder von uns andere in die Kunst, auf gute Weise zu leiden, einführt, desto weniger Leid und desto mehr Glück wird es in der Welt geben.

Achtsamkeit ausleihen

Manchmal ist das Leid so groß, dass es von mehr als einem Menschen gesehen und anerkannt werden muss. Wir alle brauchen mitunter Hilfe, wenn das Leid uns zu überwältigen droht. Dann können wir uns die kollektive Energie der Achtsamkeit von einer Gruppe Praktizierender ausleihen, um den Leidensdruck in uns zu erkennen und zu umarmen. Wenn Leid zu einer scheinbar unüberwindbaren Mauer in uns geworden ist, sollten wir lernen, die Unterstützung anderer anzunehmen.

Wir sitzen gemeinsam und erlauben der kollektiven Energie der Achtsamkeit, unseren Schmerz zu erkennen und zu umarmen. Wir werden dann zu einem Wassertropfen in einem Fluss erwachter Energie und fühlen uns viel besser. Vielleicht müssen wir gar nichts sagen oder tun. Wir erlauben einfach unserem Schmerz, von der kollektiven Energie der Achtsamkeit umarmt zu werden. Manchmal müssen wir uns dafür vielleicht etwas umsehen und andere direkt um Hilfe bitten. Das ist nicht immer einfach. Doch andere Menschen wollen meist helfen. Sie müssen nur gefragt werden.

Wenn geliebte Menschen leiden, ist das Beste, das wir anbieten können, mit ihnen gemeinsam zu sitzen oder zu gehen und ihnen unsere Energie der Achtsamkeit und des Friedens anzubieten. Das kann ihnen helfen, sich zu beruhigen und ihr Leid zu umarmen, sodass sie selbst auch achtsam gehen, sitzen und atmen können und sich des inneren, weinenden Kindes annehmen.

Da sein für die Sorgen anderer

Wenn Sie jemanden lieben, möchten Sie diesem Menschen etwas geben, was ihn glücklich macht. Das Wertvollste, das Sie einem geliebten Menschen geben können, ist Ihre Anwesenheit.

Wie können Sie lieben, wenn Sie nicht da sind? Geht es um Liebe, müssen Sie gegenwärtig sein. Da zu sein ist eine Praxis. Oft ist vielleicht Ihr Körper anwesend, doch Ihr Geist ist ganz woanders. Sie haben sich in Ihrem Denken, Ihren Sorgen und Ängsten verloren, Sie sind nicht wirklich für den anderen da. Atmen Sie ein und richten Sie Ihre Aufmerksamkeit auf Ihr Einatmen. Dadurch bringen Sie den Geist zurück zu Ihrem

Körper und sind präsent. Da zu sein ist der wichtigste Teil der Praxis.

Wenn Sie wirklich ganz gegenwärtig sind, können Sie zu dem geliebten Menschen gehen, in seine Augen schauen und sagen: »Ich bin da für dich.« Das Wertvollste, das Sie einem geliebten Menschen anbieten können, ist nicht etwas, was im Supermarkt zu kaufen ist, sondern es ist Ihr Da-Sein.

Kollektives Leid, kollektive Freude

Wenn Menschen zusammenkommen und die Energie von Achtsamkeit, Konzentration und Mitgefühl schaffen, führt dies zu einer heilsamen Art kollektiven Bewusstseins. Es tut gut, diese in sich aufzunehmen. Bei einem Vortrag, den ich in Deutschland hielt, hörten rund tausend Menschen friedlich zu, darunter auch vier junge Mütter, die ihre Babys währenddessen stillten. Die Babys nahmen die Milch ihrer Mütter und gleichzeitig die kollektive friedliche Energie auf.

Während der Anschläge vom 11. September 2001 befand ich mich gerade in Kalifornien, um einen öffentlichen Vortrag zu halten. Natürlich war die gesamte amerikanische Nation erschüttert von diesem Ereignis. Ich konnte die gewaltige Energie von Wut und

Angst spüren. Wenn wir es unbewusst zulassen, dass solche Energien uns durchdringen und uns Schaden zufügen, ist das sehr gefährlich.

Der Vortrag, den ich an diesem Abend hielt, drehte sich daher um das Zur-Ruhe-Bringen starker Emotionen. Wenn eine ganze Gemeinschaft verängstigt oder wütend ist, ist diese Energie sehr stark und machtvoll und führt zu dem Wunsch, sofort zurückzuschlagen. Doch ein Handeln aus der kollektiven Energie der Wut und Angst heraus ist gewöhnlich kein rechtes Handeln. So kann auch sehr leicht ein zerstörerischer Krieg beginnen.

Zuflucht finden auch in einer schädlichen Umgebung

Wenn Menschen in Ihrer Umgebung Mitgefühl praktizieren, werden sie nicht nur individuell, sondern auch als Gruppe weise und glücklicher sein. Gemeinsame Erfahrungen und Einsichten führen zu einem kollektiven Verständnis, das größer ist als die Summe seiner Teile.

Ohne den Rückhalt einer Gemeinschaft ist es schwerer für einen Menschen, irgendetwas zu verändern. Wenn Sie in einem Krankenhaus oder an einem anderen Ort arbeiten, an dem Sie täglich Mitgefühl mit anderen Menschen in Krisen aufbringen müssen, wissen Sie, dass die heilende Wirkung Ihrer Arbeit viel größer ist, wenn Sie von Kolleginnen und Kollegen unterstützt werden. Eine gute Umgebung bringt das Beste in uns zum Vorschein. Eine vergiftete, schädliche Umgebung hingegen kehrt das Schlechteste in uns heraus.

Wir alle benötigen die Unterstützung einer achtsamen Gemeinschaft. Wir können uns überall zusammentun und eine heilsame Umgebung entstehen lassen. Unsere Familien, unsere Schulklassen und Arbeitsplätze können alle zu achtsamen Gemeinschaften werden. Wenn wir zusammenkommen und auf freudvolle Weise achtsames Atmen praktizieren, erzeugen wir eine kollektive Energie der Achtsamkeit und des Mitgefühls, die heilsam und stark ist. Im täglichen Leben sind viele von uns einem schädigenden Umfeld ausgesetzt, das von Misstrauen, Konkurrenz, Neid und Eifersucht geprägt ist. Wir nehmen unsere Umgebung wie Nahrung in uns auf, deren gute wie schädliche Bestandteile in uns einsickern.

Sie leben vielleicht in einem negativen Umfeld, dem Sie aufgrund familiärer oder finanzieller Bedingungen nicht einfach entfliehen können. In diesem Fall können Sie selbst eine Veränderung zum Positiven anstoßen. Für den Fall, dass Sie nicht einfach gehen können, beginnen Sie damit, sich einen eigenen sicheren Hafen zu schaffen, auch wenn es nur eine kleine Ecke in Ihrer Wohnung oder auf Ihrem Schreibtisch ist. Es gibt auch heilsame Online-Gemeinschaften, denen Sie sich anschließen können. Geben Sie die Hoffnung nicht auf.

Sie können so leben, dass Mitgefühl in jeder Situation möglich wird. Geben Sie ein Beispiel, auch wenn es nur ein kleines ist. Andere können davon lernen. Der erfolgversprechendste Weg, anderen dabei zu helfen, Angst, Begierde und Gewalt zu mindern, ist, ihnen andere Möglichkeiten zu zeigen. Wenn aus Liebe Hass geworden ist, können Sie den leidvollen Abfall dieses Hasses in Kompost verwandeln, um die Blume der Liebe zu nähren, damit sie wieder erblühen kann.

Kollektives Handeln

Wenn sich eine Gruppe zusammenfindet und alle zum achtsamen Miteinander beitragen – gemeinsam atmen, gemeinsam gehen, gemeinsame sinnvolle Arbeit leisten, um das Leiden der Welt zu mindern –, handelt es sich um ein positives kollektives Handeln, das sehr wirkungsvoll sein kann. Jedes kollektive Handeln trägt Aspekte individuellen Handelns in sich. Einige sitzen anders als andere, einige können sich besser fokussieren, andere brauchen mehr Unterstützung. Im Kollektiven erkennen wir das Individuelle und das Individuelle trägt das Kollektive in sich.

Es gibt weder reine Individualität noch reine Kollektivität.

Alles das, was Sie tun können, um das Leiden einer Gemeinschaft oder der Welt zu verringern, wird im Buddhismus Rechtes Handeln genannt. Gehen Sie in einen Supermarkt einkaufen, können Sie sich entscheiden, ob Sie Rechtes Handeln praktizieren oder nicht. Dort werden vielleicht Waren zum Kauf angeboten, die von Kindern hergestellt sind, die keine Chance haben, zur Schule zu gehen. Andere Waren enthalten gesundheitsschädliche Inhaltsstoffe. Wir sind Teil eines kollektiven Ganzen und selbst diese individuellen Kaufentscheidungen beeinflussen das kollektive Bewusstsein.

Ich erinnere mich daran, wie ich eines Tages mit einigen Kindern in einen Eisenwarenladen ging. Wir sahen uns das ganze Geschäft an. Wir brauchten nur ein paar Nägel. Vorher hatten wir uns darauf geeinigt, dass wir nichts anderes kaufen würden. Schließlich verbrachten wir über eine Stunde in dem Laden, informierten uns über die Herkunft und den Nutzen jedes Gegenstandes und kauften tatsächlich nichts weiter als eine Handvoll Nägel. Für uns war das eine besondere Gruppenaktivität. Sie müssen nicht jedes Mal, wenn Sie etwas kaufen wollen, über eine Stunde in einem Laden verbringen;

doch wenn Sie wissen, dass die Dinge in Ihrem Zuhause nicht vom Schmerz arbeitender Kinder gezeichnet sind oder aus einem vergifteten Erdreich stammen, werden Sie glücklicher sein.

Die ganze Welt ist unser Zuhause

Wir denken vielleicht, wir seien nur für unser eigenes Leid und unser eigenes Glück verantwortlich, doch unser Glück vergrößert das Glück der Welt und unser Leid ist das Leid der Welt. In Vietnam gibt es eine Sage, die von Mara handelt, der Personifikation von Verstörung, Anhaftung und Verzweiflung. Die Sage berichtet davon, dass es vor der Erleuchtung des Buddha, als die Welt noch von Mara beherrscht wurde, Kriege und viel Gewalt gab. Die Menschen litten sehr. Doch sie erinnerten sich daran: »Wenn es Mara gibt, dann gibt es auch den Buddha. Wir müssen uns nicht sorgen. Der Buddha wird schließlich doch noch erscheinen.«

Am Tag seiner Erleuchtung saß der Buddha in Stille. Mara fragte: »Wer sitzt da so still?« Er störte den Buddha weiter nicht, sondern ließ ihn so sitzen. Nach der Sitzmeditation stand der Buddha auf und ging achtsam, frei und friedvoll.

Mara fragte ihn: »Wer bist du? Warum bist du hier?«

Der Buddha sagte: »Ich sehe, dass diese Erde ein wunderschöner Ort ist, die Landschaft ist bezaubernd. Der frühe Morgen ist so schön. Der Nachmittag und der Abend sind so schön. Ich sehe diese Wunder und bin so glücklich. Ich brauche weder Besitz noch Reichtum. Ich brauche nichts. Alles, was ich brauche und möchte, ist, still zu sitzen und auf diesem wunderbaren Planeten zu wandeln.«
Mara dachte, dass dies eine akzeptable Bitte sei. »In Ordnung«, sagte er, »sitze und gehe, so viel du willst.«

Wenige Tage später fragte der Buddha Mara: »Ich habe ein paar Freunde. Nun, es sind genau genommen eintausendzweihundertfünfzig Freunde. Sie alle wollen sitzen und achtsam gehen. Kannst du uns ein Areal überlassen, in dem wir das tun können?« Mara antwortete: »Natürlich. Es ist in Ordnung, dass ihr sitzt und geht. Wie viel Platz braucht ihr, um eure Sitz- und Gehmeditation zu praktizieren?«
Damals gab es noch keine genauen Messwerkzeuge. Der Buddha sagte: »Ich habe drei Roben. Wenn du zustimmst, ziehe ich meine äußere Robe aus und werfe sie in den Himmel, so hoch ich kann. Der Schatten, den sie wirft, bemisst das Land, das ich gern für unser achtsames Sitzen, Gehen und Leben hätte.«
Mara erwiderte: »Nun, es dürften höchstens ein paar Meilen sein. Okay.« Der Buddha rollte seine Robe zu-

sammen und warf sie hoch in den Himmel. Die Robe flog hoch hinauf, öffnete sich und ihr Schatten bedeckte die ganze Erde.

Seitdem wandern der Buddha und seine Schülerinnen und Schüler über den ganzen Planeten, üben sich in Mitgefühl und Achtsamkeit und helfen den Menschen, weniger zu leiden. Uns allen steht es offen, es ihnen gleichzutun, das Leid zu mindern und das Glück zu mehren. Die Erde gehört nicht nur Mara, sie gehört auch dem Buddha.

Die Kunst des Glücklichseins

Die Essenz unserer Praxis drückt sich in der Transformation von Leid in Glück aus. Diese Praxis ist nicht kompliziert, doch sie verlangt von uns, Achtsamkeit, Konzentration und Einsicht zu entwickeln. Zuallererst verlangt sie, dass wir zu uns selbst zurückkehren, Frieden mit unserem Leid schließen, mit unserem Schmerz zärtlich umgehen und seine Ursachen eingehend betrachten. Sie verlangt, dass wir überflüssiges Leid loslassen, den zweiten Pfeil im Köcher lassen und unsere Vorstellung von Glück hinterfragen. Schließlich verlangt sie, dass wir mit Aufmerksamkeit, Verständnis und Mitgefühl für uns selbst und andere täglich das

Glück nähren. Diese Praxis bieten wir uns selbst, geliebten Menschen und der größeren Gemeinschaft an. Das sind die Kunst des Leidens und die Kunst des Glücklichseins. Mit jedem Atemzug lindern wir das Leid und sorgen für Freude. Mit jedem Schritt erblüht eine wunderschöne Blume.

Weitere Übungen zum Glücklichsein

Übung eins: die sechzehn Atemübungen

Die folgenden Übungen entstammen dem *Anapanasati Sutra* über das achtsame Atmen. Es umfasst sechzehn Übungen. Die ersten vier beziehen sich auf den Körper. Die zweite Gruppe, bestehend aus weiteren vier Übungen, ist auf den Umgang mit Gefühlen gerichtet. Im Mittelpunkt der dritten Gruppe, die ebenfalls aus vier Übungen besteht, steht der Geist und die vierte Gruppe richtet sich auf Objekte des Geistes.

Auch wenn sich die erste Gruppe von Übungen in erster Linie auf den sorgenden und heilenden Umgang mit unserem Körper bezieht, gehen mit ihrem Praktizieren gleichzeitig Wohlbefinden, Freiheit und Freude im Geist einher, denn der Körper manifestiert sich immer in Einheit mit den Gefühlen und dem Geist.

Ebenso, wie ein Fluss aus Wassertropfen besteht, setzt sich unser Geist aus Teilchen zusammen, die wir Geistesformationen oder geistige Gebilde nennen. Jeder Wassertropfen im Fluss des Geistes ist ein geistiges Gebilde. Achtsamkeit, Konzentration, liebende Güte und Einsicht sind ebenfalls geistige Gebilde.

Die vierte Gruppe beschäftigt sich mit Objekten des Geistes, denn geistige Gebilde oder Geistesformationen haben immer ihre Objekte. Wütend zu sein bedeutet immer, auf jemanden wütend zu sein. Zu lieben bedeutet, jemanden oder etwas zu lieben.

Atemübung	Beschreibung
Einatmend bin ich mir meines Einatmens bewusst. Ausatmend bin ich mir meines Ausatmens bewusst.	Diese einfache Übung kann Ihnen helfen, Ihre Gedanken, Sorgen und Ängste loszulassen. Sie sorgt unmittelbar für Freiheit.
Einatmend folge ich meinem Einatmen von Anfang bis Ende. Ausatmend folge ich meinem Ausatmen von Anfang bis Ende.	Folgen Sie Ihrem Ein- und Ausatmen sehr aufmerksam von Anfang bis Ende, als ob Sie mit Ihrem Finger eine Linie entlangfahren. Wenn Sie so atmen, sind Sie sich Ihres Atems nicht nur bewusst, Sie sind vollständig darauf konzentriert.
Einatmend bin ich mir meines ganzen Körpers bewusst. Ausatmend bin ich mir meines ganzen Körpers bewusst.	Wir sind wahrhaftig im Hier und Jetzt verankert und leben unser Leben tief in diesem Moment.
Einatmend beruhige ich meinen Körper. Ausatmend beruhige ich meinen Körper.	Diese Übung dient dazu, körperliche Spannungen aufzulösen. Loslassen ist eine Quelle des Glücks.
Einatmend empfinde ich Freude. Ausatmend empfinde ich Freude.	Wir können Achtsamkeit praktizieren, um jederzeit und an jedem Ort ein Gefühl von Freude wachzurufen.

Atemübung	Beschreibung
Einatmend bin ich glücklich. Ausatmend bin ich glücklich.	Achtsamkeit hilft uns, die vielen Bedingungen des Glücks wahrzunehmen, über die wir bereits verfügen.
Einatmend werde ich mir schmerzhafter Gefühle bewusst. Ausatmend werde ich mir schmerzhafter Gefühle bewusst.	Zeigt sich ein schmerzhaftes Gefühl, sollten wir da sein und uns ihm zuwenden. Achtsamkeit ermöglicht uns, den Schmerz wahrzunehmen, zu umarmen und zu lindern.
Einatmend beruhige ich mein schmerzhaftes Gefühl. Ausatmend beruhige ich mein schmerzhaftes Gefühl.	Diese Übung beruhigt Körper und Geist und lässt Frieden einkehren. Körper, Geist, Gefühle und Atem sind miteinander vereint.
Einatmend bin ich mir meines Geistes bewusst. Ausatmend bin ich mir meines Geistes bewusst.	Der Bewusstseinsstrom fließt Tag und Nacht. Geistesformationen manifestieren sich. Wir sind gegenwärtig und nehmen wahr, wie sie entstehen, eine Weile bleiben und vergehen.
Einatmend sorge ich für einen glücklichen Geist. Ausatmend sorge ich für einen glücklichen Geist.	Wir erfreuen unseren Geist, indem wir die guten Samen einladen, sich zu manifestieren. Unser Geist wird zu einer wohltuenden Landschaft.
Einatmend konzentriere ich meinen Geist. Ausatmend konzentriere ich meinen Geist.	Wir halten das Gewahrsein auf den Gegenstand unserer Konzentration aufrecht. Nur Konzentration kann uns von Gedanken befreien und ermöglicht Einsicht.

Atemübung	Beschreibung
Einatmend befreie ich meinen Geist. Ausatmend befreie ich meinen Geist.	Mit dieser Übung lösen wir alle Knoten in unserem Geist auf. Wir beobachten ihn ruhig in all seiner Subtilität, um uns von Hindernissen wie Traurigkeit und Angst bezüglich der Vergangenheit und Zukunft sowie von Verwirrung und falschen Wahrnehmungen in der Gegenwart zu befreien.
Einatmend beobachte ich die unbeständige Natur aller Erscheinungen. Ausatmend beobachte ich die unbeständige Natur aller Erscheinungen.	Die Konzentration auf die Unbeständigkeit ist ein tiefer und wunderbarer Weg der Meditation. Er besteht in der grundlegenden Erkenntnis der Natur all dessen, was existiert. Alles befindet sich in fortwährender Veränderung und alles existiert ohne ein unabhängiges Selbst.
Einatmend beobachte ich das Verschwinden des Begehrens. Ausatmend beobachte ich das Verschwinden des Begehrens.	Indem wir die wahre Natur unseres Begehrens und dessen Objekte erkennen, wissen wir, dass das Glück nicht im Erlangen dieser Objekte oder zukünftiger Erfüllung liegt. Wir beobachten mit klarem Geist die unbeständige Natur aller Dinge, ihr Entstehen und Entschwinden.

Atemübung	Beschreibung
Einatmend beobachte ich das Erlöschen. Ausatmend beobachte ich das Erlöschen.	Erlöschen bedeutet Erlöschen aller irrigen Gedanken und Vorstellungen, die uns davon abhalten, die letztendliche Wirklich-keit zu erfahren, sowie das Erlöschen des Leids, das aus Unwissenheit erwächst. Dann können wir in Kontakt mit der wunderbaren und wahren Natur aller Dinge treten, so wie sie sind.
Einatmend beobachte ich das Loslassen. Ausatmend beobachte ich das Loslassen.	Diese Übung hilft uns, tief zu schauen, um Begierde und Anhaftung, Angst und Wut aufzugeben. Wir lassen unsere falschen Wahrnehmungen und irrigen Vorstellungen von der Wirklichkeit los, nicht jedoch die Wirklichkeit. Je mehr wir loslassen, desto glücklicher werden wir.

Die vier Übungen der ersten Gruppe

Die erste Übung beinhaltet unser achtsames Atmen. »Einatmend bin ich mir meines Einatmens bewusst. Ausatmend bin ich mir meines Ausatmens bewusst.« Indem wir all unsere Aufmerksamkeit auf unser Atmen richten, hört alles Denken auf und wir fokussieren uns nur auf unser Ein- und Ausatmen.

Die zweite Übung lautet »Einatmend folge ich meinem Einatmen von Anfang bis Ende. Ausatmend folge ich meinem Ausatmen von Anfang bis Ende.« Diese Übung fokussiert und konzentriert den Geist. Wir folgen von Anfang bis Ende ohne Unterbrechung unserem Ein- und Ausatmen.

Die dritte Übung lautet »Einatmend bin ich mir meines ganzen Körpers bewusst. Ausatmend bin ich mir meines ganzen Körpers bewusst.« Mit dieser Übung erinnern wir uns unseres Körpers, wir bringen unser Gewahrsein zum Körper und vereinen Körper und Geist. Wenn Sie ein- und ausatmen und sich Ihres Körpers bewusst werden, werden Sie vielleicht Spannungen und Schmerzen spüren. Sie haben zugelassen, dass sich Spannungen und Belastungen in Ihrem Körper angesammelt haben, und dies kann der Ausgangspunkt vieler Erkrankungen sein. Deshalb möchten Sie die Anspannungen auflösen. Darum geht es in der vierten Übung: »Einatmend löse ich die Spannungen in meinem Körper. Ausatmend löse ich die Spannungen in meinem Körper.« Oder: »Einatmend beruhige ich meinen Körper. Ausatmend beruhige ich meinen Körper.« Vielleicht benötigen wir etwas Wissen, um die Spannungen im Körper lösen und den Körper beruhigen zu können.

Die vier Übungen der zweiten Gruppe

Mit der fünften Übung bewegen wir uns vom Bereich des Körpers hin zum Bereich der Gefühle und erzeugen Freude. »Einatmend bin ich mir des Gefühls der Freude bewusst.« Als achtsam Praktizierende sind wir in der Lage, Freude und Glück zu erzeugen. Das ist nicht so schwierig. Zwischen Freude und Glück gibt es einen kleinen Unterschied. Wie wir vorn gesehen haben, trägt Freude noch die Elemente der Aufregung und Erwartung in sich, während Glück mit Entspannung und Freiheit einhergeht.

Die Franzosen mögen das Lied »Qu'est-ce qu'on attend pour être heureux?« (Worauf wartest du, um glücklich zu sein?). Sie können hier und jetzt glücklich sein. Wenn Sie Körper und Geist vereinen und im gegenwärtigen Moment verweilen, werden Ihnen die vielen Wunder des Lebens in Ihnen und in Ihrer Umgebung bewusst. Die Verfügbarkeit so vieler Bedingungen des Glücks führt direkt zu einem Gefühl von Freude und Glück. Jede Übung ermöglicht die darauffolgende.

Bei der fünften und sechsten Übung geht es um die Kunst des Glücks oder des Glücklichseins – wie Sie Freude und Glück für Ihr Wohlbefinden und Ihre Heilung erzeugen können. Und die nächsten beiden Übungen rücken in den Mittelpunkt, wie wir Leidvolles wahrnehmen und uns darum kümmern können.

Die siebte Übung lautet »Einatmend bin ich mir des schmerzhaften Gefühls in mir bewusst.« Steigt in Ihnen ein schmerzhaftes Gefühl auf, werden Sie ihm mit Achtsamkeit begegnen. Sie erlauben dem Gefühl nicht, Sie zu überwältigen und Sie zu einer Reaktion zu zwingen, die für Sie und andere noch mehr Leid heraufbeschwört.

»Einatmend bin ich mir des schmerzhaften Gefühls in mir bewusst. Ausatmend bin ich mir des schmerzhaften Gefühls in mir bewusst.« Das ist eine Kunst. Wir müssen sie erlernen, denn die meisten von uns wollen nicht mit ihrem Schmerz sein. Wir fürchten uns davor, von Schmerz überwältigt zu werden, deshalb rennen wir permanent vor ihm davon. In uns existieren Einsamkeit, Angst, Wut und Verzweiflung. Meistens versuchen wir all dies mit Konsum zuzuschütten. Einige sehen sich nach etwas Essbarem um, andere schalten den Fernseher ein, viele tun beides zugleich. Selbst wenn das Fernsehprogramm langweilig ist, haben wir nicht den Mut, es abzuschalten, denn dann müssten wir uns uns selbst zuwenden und dem Schmerz in uns begegnen. Auf dem Marktplatz des Konsums gibt es eine Unzahl von Dingen, die uns helfen, dem Leid in uns auszuweichen.

Doch den buddhistischen Lehren und Praktiken zufolge tun wir das Gegenteil: Wir kehren zu uns selbst zurück und tragen Sorge für unseren Schmerz. Indem wir achtsam gehen oder achtsam atmen, erzeugen wir die Energie der Achtsamkeit, die es uns ermöglicht, ohne Angst, von Leidvollem überwältigt zu werden, den Weg nach Hause zu finden. Gestärkt durch diese Energie, nehmen wir die schmerzhaften Gefühle in uns wahr und umarmen sie zärtlich. Wir singen das weinende Kind in uns in den Schlaf. Während die dritte Übung die bewusste Wahrnehmung des Körpers und die vierte Übung die Beruhigung des Körpers betreffen, bezieht sich die siebte Übung auf die bewusste Wahrnehmung der schmerzhaften Gefühle und die achte darauf, diesen Schmerz zu umarmen, zu beruhigen und zu lindern. Jede dieser ersten acht Übungen ist so einfach, dass wir sie täglich praktizieren können.

Die vier Übungen der dritten Gruppe

Die neunte Übung lautet: »Einatmend bin ich mir meiner geistigen Aktivitäten bewusst. Ausatmend bin ich mir meiner geistigen Aktivitäten bewusst.« Wir setzen das achtsame Atmen fort und nehmen aufkommende Geistesformationen wahr. Wir können sie mit ihren wahren Namen bezeichnen.

Die zehnte Übung lautet »den Geist erfreuen« – das bedeutet, in Kontakt mit den heilsamen Samen in der Tiefe unseres Geistes zu treten und sie zu wässern, sodass sie sich als Geistesformationen oder Energiefelder manifestieren, die uns glücklich machen. Dies tun wir zu unserem eigenen Nutzen und dem der Menschen, die uns am Herzen liegen.

Die elfte Übung beinhaltet die Konzentration des Geistes und die zwölfte Übung widmet sich der Befreiung des Geistes. Konzentration (Sanskrit: *samadhi*) ist eine mächtige Kraft, die Sie entwickeln können, um schließlich ganz genau zu sehen, was da ist, und um zu einem klaren Verständnis von dessen wahrer Natur zu gelangen. Das Objekt kann ein Kieselstein, ein Blatt oder eine Wolke sein, es kann aber auch Ihre Wut oder Angst sein. Alles kann zum Objekt Ihrer Konzentration werden. Ich glaube, auch für Wissenschaftler ist Konzentration sehr wichtig. Um ein tieferes Verständnis vom Gegenstand ihrer Betrachtung zu erlangen, müssen sie imstande sein, sich vollkommen darauf zu konzentrieren. Doch die Konzentration, um die es hier geht, zielt darauf ab, dass wir das, was uns innerlich bedrängt – Angst, Wut und Täuschung –, transformieren, sodass wir frei sein können.

Die vier Übungen der letzten Gruppe

Die dreizehnte Übung befasst sich mit der Konzentration auf die Unbeständigkeit, die Vergänglichkeit. Dank der Einsicht in die Unbeständigkeit erkennen wir die voneinander abhängige und selbstlose Natur aller Dinge – nichts hat ein abgetrenntes, unabhängiges Selbst.

Mit der vierzehnten Übung erkennen wir die wahre Natur unserer Begierde und verstehen, dass alles dem Prozess des Entstehens und Vergehens unterworfen ist. Aufgrund dieser Einsicht halten wir nicht länger an einem Objekt fest oder sehen Phänomene als unveränderliche und abgetrennte Gebilde.

Mittels der fünfzehnten Übung richten wir unsere Aufmerksamkeit auf die Natur unserer Ideen und Ansichten und lassen sie los. Sobald wir uns nicht länger an Vorstellungen festhalten oder nach ihnen greifen, erfahren wir Freiheit und Freude, die aus dem Verlöschen der Illusionen herrührt.

Die sechzehnte Übung unterstützt uns darin, Begehren, Anhaftung, Furcht und Sorge, Hass und Wut noch näher zu beleuchten und loszulassen. Für gewöhnlich glauben wir, dass wir verlieren, was uns glücklich macht, wenn wir es loslassen. Doch das Gegenteil ist wahr. Je mehr wir loslassen, desto glücklicher werden wir. Loslassen bedeutet nicht, alles loszulassen. Wir lassen nicht die Wirklichkeit los. Aber wir verabschieden uns von unseren irrigen Vorstellungen und falschen Wahrnehmungen der Wirklichkeit.

Übung zwei: die sechs Mantras

Die sechs Mantras stellen Möglichkeiten dar, Liebe und Mitgefühl auszudrücken. Sie können auf sehr effektive Weise Leid transformieren und für Glück in Beziehungen mit einem geliebten Menschen, einem Freund, Kind oder Elternteil sorgen.

Sie können mit der Praxis beginnen, indem Sie die sechs Mantras zunächst auf sich selbst beziehen, denn Sie werden andere Menschen nur dann lieben und verstehen können, wenn Sie Liebe und Verständnis gegenüber sich selbst entwickelt haben.

Ein Mantra ist eine magische Formel. Immer, wenn Sie ein Mantra aussprechen, können Sie die Situation direkt transformieren; Sie müssen auf nichts warten. Lernen Sie die Worte auswendig, damit Sie sie im geeigneten Augenblick rezitieren können. Durch Ihre Achtsamkeit und Konzentration wird ein Mantra wirkungsmächtig. Sind Sie nicht achtsam und konzentriert, während Sie das Mantra sprechen, wird es auch nicht wirken. Doch wir alle sind in der Lage, achtsam und konzentriert zu sein.

Das erste Mantra

Das erste Mantra lautet: »Ich bin für dich da.« Es ist nicht schwer zu praktizieren. Jemanden zu lieben be-

Mantra	Beschreibung
Ich bin für dich da.	Dieses Mantra ist eine Praxis und keine Proklamation. Jemanden zu lieben bedeutet, für diesen Menschen da zu sein. Doch zuerst müssen Sie für sich selbst da sein. Die Praxis besteht darin, dass Sie wahrhaftige Präsenz entwickeln.
Ich weiß, du bist da, und das macht mich sehr glücklich.	Dieses Mantra beinhaltet, die Präsenz eines geliebten Menschen anzuerkennen und auszusprechen, dass Sie sehr glücklich darüber sind, dass er bzw. sie lebendig und erreichbar für Sie ist. Wir alle möchten uns von der achtsamen Aufmerksamkeit eines geliebten Menschen umfangen fühlen. Dieses Mantra macht den anderen Menschen sofort glücklich.
Ich weiß, du leidest, und deshalb bin ich für dich da.	Dieses Mantra sollten Sie praktizieren, wenn Sie sehen, dass die andere Person leidet. Wenn Sie sie lieben, sollten Sie wissen, wie es ihr geht. Sind Sie für den geliebten Menschen da, werden Sie bemerken, wenn er leidet.

deutet, für sie oder ihn da zu sein. Dies ist sowohl eine Kunst als auch eine Praxis. Wenn es Ihnen an Achtsamkeit und Konzentration fehlt, können Sie nicht hundertprozentig für sich oder einen anderen Menschen da sein. Durch die Praxis des achtsamen Atmens, achtsamen Gehens und achtsamen Sitzens bringen Sie Ihren

Mantra	Beschreibung
Ich leide. Bitte hilf mir.	Dieses Mantra ist dann wichtig, wenn Sie selbst leiden und glauben, die andere Person habe Ihr Leid verursacht. Gehen Sie achtsam und geistig gesammelt zu ihr und sprechen Sie das Mantra. Das kann durchaus schwierig sein, weil Sie sich verletzt fühlen. Es braucht ein wenig Übung, aber Sie können es schaffen.
Das ist ein glücklicher Moment.	Das fünfte Mantra dient dazu, uns zu erinnern, wie glücklich wir uns schätzen können, über so viele Voraussetzungen des Glücks im Hier und Jetzt zu verfügen.
Du hast teilweise recht.	Dieses Mantra erinnert uns daran, dass wir als Menschen sowohl positive als auch negative Seiten haben. Wir sollten weder mit hocherhobenem Haupt herumlaufen, wenn man uns lobt, noch sollten wir verzweifeln, wenn man uns kritisiert.

Geist heim zu Ihrem Körper, verankern sich im Hier und Jetzt und sind wieder vollkommen präsent. Das größte Geschenk, das wir einem anderen Menschen machen können, ist unsere wahrhaftige Präsenz.

Bevor Sie für jemanden da sein können, müssen Sie zunächst für sich selbst da sein. Daher üben wir dieses Mantra zuerst mit uns selbst. »Ich bin für dich da«

bedeutet auch, ich bin für mich da. Der Geist kehrt zum Körper zurück und wir werden uns der Tatsache bewusst, einen Körper zu haben. Wir vergessen dies manchmal, besonders, wenn wir vollkommen in unsere Arbeit versunken sind.

Die Praxis des Ein- und Ausatmens und das Vereinen von Geist und Körper können sehr freudvoll sein. Sie genießen das Einatmen, Ihren Körper und Ihren Geist. Das allein kann bereits eine Wirkung auf den anderen Menschen haben. Vielleicht hat sich der oder die andere gerade in Gedanken über die Vergangenheit oder in Sorgen über die Zukunft verstrickt. Gelingt es Ihnen, wahrhaftig da zu sein und das Mantra wirkungsmächtig auszudrücken, können Sie der anderen Person helfen, zu sich selbst zurückzufinden und im Hier und Jetzt präsent zu sein.

Die erste Definition von Liebe bedeutet, füreinander da zu sein. Das ist eine Praxis. Wie können Sie lieben, ohne gegenwärtig zu sein? Um zu lieben, müssen Sie da sein, Körper und Geist vereint. Ein wahrhaft Liebender weiß, dass Achtsamkeitspraxis die Grundlage für wahre Liebe ist.

Das zweite Mantra

Auch das zweite Mantra kann sehr kraftvoll sein und zwei Menschen gleichzeitig glücklich machen. »Liebling, ich weiß, du bist da, und das macht mich sehr glücklich.« Sie sind bereits wahrhaft präsent und so ist es Ihnen möglich, die Präsenz des anderen Menschen, der Ihnen sehr wichtig und kostbar ist, wahrzunehmen. Wenn Sie sagen »Liebling, ich weiß, du bist da«, sagen Sie damit auch: »Deine Anwesenheit ist mir sehr wichtig und kostbar und entscheidend für mein Glück.«

Diesen zweiten Schritt können Sie nicht vor dem ersten gehen. Der erste Schritt ist das erste Mantra. »Ich bin da. Ich nehme meine Präsenz wahr. Ich biete sie dir an.« Das ist das größte Geschenk, das ein liebender Mensch machen kann. Nichts ist wertvoller als Ihre Präsenz. Man kann alle möglichen Dinge kaufen. Doch wie wertvoll die Dinge auch sein mögen, die Sie dem anderen schenken, nichts ist so kostbar wie Ihre Anwesenheit. Durch Achtsamkeit wird Ihre Präsenz frischer, freudvoller und liebevoller werden und Sie können sie dem geliebten Menschen anbieten und für ihr beider Glück sorgen.

Das dritte Mantra

Dieses Mantra ist für Situationen gedacht, in denen Sie bemerken, dass die andere Person leidet. Es kann ihr direkt helfen, weniger zu leiden. Zunächst sorgen Sie durch achtsames Atmen, Sitzen oder Gehen für Ihre eigene Präsenz. Dann wenden Sie sich dem geliebten

Menschen zu und sagen »Liebling, ich weiß, dass du leidest, und deshalb bin ich für dich da.« Das ist wahre Liebe. Wahre Liebe besteht aus Achtsamkeit. Weil Sie achtsam sind, nehmen Sie wahr, dass es dem anderen Menschen nicht gut geht. Und dann können Sie helfen. »Liebling, ich weiß, du leidest. Deswegen bin ich da für dich.« Noch bevor Sie überhaupt helfend eingreifen, wird der andere Mensch bereits weniger leiden.

Leiden Sie und ein geliebter Mensch ignoriert dies, wird es Ihnen noch schlechter gehen. Doch nimmt die andere Person Ihr Leid wahr und bietet Ihnen in diesen für Sie schweren Momenten ihre Präsenz an, werden Sie umgehend weniger Schmerz verspüren. Es kostet nicht viel Zeit, Leid auf diese Weise zu mindern. Dieses Mantra können Sie in Ihrer Beziehung verwenden, wenn es der anderen Person nicht gut geht.

Das vierte Mantra

Dieses Mantra mag ein wenig schwieriger sein, besonders dann, wenn Sie sehr stolz sind. Es kommt zur Anwendung, wenn Sie selbst leiden und glauben, jemand anderes trage daran die Schuld. Das passiert mitunter. Es würde Ihnen nicht so schlecht gehen, hätte jemand anderes Ihnen dies angetan oder diese Worte zu Ihnen gesagt. Doch es war ausgerechnet die Person, die Sie am meisten lieben. Deshalb sind Sie so tief getroffen.

Sie wollen sie vielleicht dafür bestrafen, dass sie es gewagt hat, Ihnen Schmerz zuzufügen.

Leiden wir, so glauben wir oft, der andere habe unser Leid verursacht. »Sie liebt mich nicht. Warum sollte ich sie lieben?« Normalerweise neigen wir dann dazu, die andere Person bestrafen zu wollen. Wir sagen ihr, dass wir gut ohne sie auskommen können, und wollen damit eigentlich ausdrücken, dass wir sie nicht brauchen. Doch das ist keine wahre Liebe. Viele haben diesen Fehler schon gemacht. Ich auch.

Doch wir lernen aus unseren Fehlern. Wenn wir leiden, brauchen wir den anderen Menschen. Diese wechselseitige Verpflichtung sind wir zu Beginn unserer Beziehung eingegangen. Wir sollten dazu ehrlich und gewissenhaft stehen. Wenn Sie leiden, sollten Sie dem geliebten Menschen sagen, dass Sie leiden und seine Hilfe benötigen. Üblicherweise tendieren wir zum Gegenteil. Wir wollen ihm zeigen, dass wir ihn nicht brauchen. Wir ziehen uns zurück und weinen im stillen Kämmerlein, anstatt um Hilfe zu bitten. Wir sind zu stolz. Doch die Liebe verträgt keinen Stolz. Deshalb benötigen wir das vierte Mantra: »Liebling, ich leide. Bitte hilf mir.«

Es ist so einfach und doch ist es schwierig. Aber wenn Sie sich überwinden können und dieses Mantra aussprechen, garantiere ich Ihnen, dass es Ihnen sofort besser geht.

Bemerkt die andere Person, dass etwas nicht in Ordnung ist, fragt sie vielleicht: »Liebling, geht es dir nicht gut?«, und möchte sich um Sie kümmern. Sie hingegen verspüren vielleicht den Impuls zu erwidern: »Nicht gut? Wie kommst du darauf? Warum sollte es mir schlecht gehen?« Doch das ist nicht wahr. Sie tragen tiefes Leid in sich. Wenn die andere Person sich Ihnen nähert und Ihnen die Hand auf die Schulter legt, wollen Sie möglicherweise sagen: »Lass mich allein.« Viele von uns begehen diesen Fehler.

Mit dem vierten Mantra üben Sie das Gegenteil. Sie müssen zunächst zur Kenntnis nehmen, dass Sie leiden. »Liebling, ich leide. Ich möchte, dass du das weißt. Bitte hilf mir.« Eigentlich ist der Wortlaut dieses Mantras etwas länger: »Liebling, ich leide. Ich verstehe nicht, warum du so etwas zu mir gesagt hast. Weshalb hast du mir so etwas angetan? Ich leide. Bitte erkläre mir das. Ich benötige deine Hilfe.« Das ist wahre Liebe. Doch wenn Sie sagen »Ich leide gar nicht, und ich brauche auch deine Hilfe nicht«, hat das mit wahrhaftiger Liebe nichts zu tun.

Bitte schreiben Sie dieses Mantra auf einen Notizzettel in der Größe einer Kreditkarte und stecken Sie ihn in Ihr Portemonnaie. Wenn Sie sich das nächste Mal verletzt fühlen und glauben, der oder die andere trüge die Schuld daran, so erinnern Sie sich an den Zettel und lesen Sie ihn noch einmal durch. Dann werden Sie genau wissen, was zu tun ist.

Dieser Praxis zufolge haben Sie das Recht, höchstens vierundzwanzig Stunden zu leiden, nicht länger. Das ist die Deadline. Dann sollten Sie das vierte Mantra aussprechen. Wenn Sie die andere Person nicht persönlich treffen können, rufen Sie sie an, schicken Sie ihr eine E-Mail oder schreiben Sie ihr eine Nachricht auf einen Zettel und platzieren ihn dort, wo sie ihn finden kann. Wenn Sie sich dazu überwinden können, wird es Ihnen ganz sicher auf der Stelle besser gehen.

Dieses Mantra besteht im Grunde aus drei Teilen. Der erste Teil lautet: »Liebling, ich leide und ich möchte, dass du dies weißt.« Auf diese Weise teilen Sie etwas mit dem anderen. Sie teilen Ihr Glück wie auch Ihr Leid. »Bitte erkläre mir, warum du mir so etwas gesagt, so etwas angetan hast. Ich leide.«

Der zweite Teil lautet: »Ich tue mein Bestes.« Das bedeutet, ich übe mich in Achtsamkeit. Wenn mich etwas wütend macht, sage und tue ich nichts, das mir oder anderen noch mehr Schaden zufügt. Ich praktiziere achtsames Atmen und achtsames Gehen, ich schaue tief in mein Leid, um dessen Ursachen zu erkennen. Ich glaube, dass du mein Leid verursacht hast. Doch als Praktizierender weiß ich, dass ich mir dessen nicht zu sicher sein kann. Ich werde untersuchen, ob mein

Schmerz einer eigenen falschen Wahrnehmung oder Idee entspringt. Vielleicht wolltest du das gar nicht tun oder sagen. Als Praktizierender werde ich mein Bestes geben, tief zu schauen, um meine Wut zu erkennen und sie zärtlich zu umarmen.

»Ich tue mein Bestes« dient uns als eine Art Erinnerung und lädt den anderen Menschen ein, es uns gleichzutun. Wenn sie die Nachricht erhält, wird sie vielleicht denken: »Oh, ich wusste gar nicht, dass er leidet. Was habe ich getan, was habe ich gesagt, das ihn so verletzt hat?« Dann üben Sie sich beide in tiefem Schauen und wenn einer von Ihnen die Ursache entdeckt, sollte er dies sofort mitteilen und sich für die eigene Ungeschicklichkeit entschuldigen, sodass die andere Person nicht länger leiden muss.

Der dritte Teil des Mantras lautet: »Bitte hilf mir.« Dieser Teil benötigt Mut, doch er ist sehr wichtig. Wenn wir einander lieben, brauchen wir einander besonders, wenn es uns nicht gut geht. Ihr Leid ist das Leid Ihrer Partnerin, Ihres Partners. Ihr Glück ist das Glück der oder des anderen. Die Situation tief zu betrachten verschafft uns die nötige Einsicht, wie wir den Streit schlichten und die Harmonie zwischen uns wieder herstellen können.

Die drei Sätze lauten: »Ich leide und ich möchte, dass du das weißt. Ich tue mein Bestes. Bitte hilf mir.«

Nehmen Sie den Notizzettel aus Ihrem Portemonnaie und lesen Sie ihn, dann werden Sie genau wissen, was Sie tun müssen.

Das fünfte Mantra

Dieses Mantra lautet: »Das ist ein glücklicher Moment.« Dabei geht es nicht um Autosuggestion oder Wunschdenken. Es gibt viele Voraussetzungen des Glücks, wenn wir achtsam genug sind, sie wahrzunehmen. Das Mantra erinnert uns daran, wie glücklich wir bereits jetzt sein können. Gemeinsames Sitzen mit ihm oder gemeinsames Gehen mit ihr wird in Ihnen den Wunsch wecken, das fünfte Mantra zu sprechen, und Sie daran erinnern, über wie viele Möglichkeiten des Glücks Sie verfügen. Es wäre nicht weise, sie nicht zu genießen. Die Chance, diesen Moment als glücklichen Moment wahrzunehmen, hängt von Ihrer Achtsamkeit ab. Nur Achtsamkeit sorgt dafür, dass Sie die vielen Bedingungen des Glücks, die Ihnen im Hier und Jetzt zur Verfügung stehen, berühren können. Es gibt mehr als genug davon für Sie beide. Wenn Sie zusammen sitzen, gehen und gemeinsam Zeit verbringen, atmen Sie beide achtsam und nehmen Sie bewusst wahr, wie glücklich Sie sich schätzen können. Es ist die Achtsamkeit, die einen gegenwärtigen Moment in einen wertvollen und glücklichen Augenblick verwandelt. Als Praktizierender sind Sie ein Künstler; Sie wissen, wie Sie durch Ihre Praxis Glück im Hier und Jetzt schaffen.

Das sechste Mantra

Dieses Mantra eignet sich besonders für das Leid, das durch Komplexe entsteht; Komplexe, wenn wir glauben, wir seien gleich, schlechter oder besser als eine andere Person.

Wenn jemand Sie beglückwünscht oder kritisiert, können Sie das sechste Mantra sprechen: »Liebling, du hast teilweise recht.« Das bedeutet: »Deine Kritik oder dein Lob ist nur teilweise richtig, denn ich habe sowohl Stärken als auch Schwächen in mir. Wenn du mir zu etwas gratulierst, sollte ich besser nicht abheben und meine negativen Seiten ignorieren.«

Entdecken wir etwas Schönes in einem anderen Menschen, tendieren wir dazu, seine negativen Seiten zu ignorieren. Als Menschen tragen wir beide Seiten in uns. Wenn Ihnen ein geliebter Mensch gratuliert und Ihnen sagt, Sie gäben das vollkommene Bild der Perfektion ab, können Sie antworten: »Liebling, das ist nur teilweise richtig. Du weißt, ich habe auch andere Seiten.« Bleiben Sie bescheiden. Dann werden Sie nicht zum Opfer von Selbsttäuschung, denn Sie wissen, dass Sie nicht perfekt sind.

Und wenn Ihnen Ihr Gegenüber sagt, dass Sie nichts zu bieten hätten, können Sie erwidern: »Liebling, du hast nur teilweise recht, denn ich habe auch gute Seiten.«

Übung drei: bei starken Gefühlen präsent bleiben

Wenn sich ein schmerzhaftes Gefühl in Ihnen bemerkbar macht, sollten Sie in dem, was Sie tun, innehalten und sich darum kümmern. Achten Sie darauf, was geschieht. Die Übung ist einfach. Legen Sie sich hin, platzieren Sie Ihre Hand auf dem Bauch und beginnen Sie zu atmen. Sie können auch auf einem Kissen oder Stuhl sitzen. Richten Sie Ihre Aufmerksamkeit auf die Bauchnabelgegend.

Beobachten Sie einmal während eines Sturms einen Baum. Wenn Sie Ihre Aufmerksamkeit auf die Baumkrone richten, werden Sie sehen, wie die Blätter und Zweige wild nach allen Seiten ausschlagen, der Baum scheint so verletzlich zu sein, als könnte er jeden Moment auseinanderbrechen. Doch wenn Sie Ihre Aufmerksamkeit auf den Stamm richten, gibt es dort kaum Bewegung. Sie sehen, wie stabil der Baum ist. Er ist tief verwurzelt und kann deshalb dem Sturm widerstehen.

Wenn wir starken Gefühlen ausgesetzt sind, wird unser Geist wie die Baumkrone im Sturm hin- und herschwanken. Dann müssen wir den Geist zur Bauchgegend bringen, unserem Stamm, und unsere ganze Aufmerksamkeit auf das Heben und Senken der Bauchdecke richten.

Einatmend bemerken Sie das Heben der Bauchdecke. Ausatmend bemerken Sie das Senken der Bauchdecke. Atmen Sie tief und fokussieren Sie sich ausschließlich auf Ihr Ein- und Ausatmen. Beachten Sie, dass ein Gefühl nur ein Gefühl ist und Sie sehr viel mehr sind als ein Gefühl. Sie sind Körper, Gefühle, Wahrnehmungen, Geistesformationen und Bewusstsein. Ihr Sein umfasst einen großen Bereich. Ein Gefühl ist dagegen sehr klein. Ein Gefühl ist etwas, was kommt, eine Weile bleibt und wieder geht. Diese Einsicht wird Sie retten, während Sie das Gefühl durchleben. Dieses eine Gefühl wird Sie nicht umbringen.

Wir sollten nicht warten, bis sie da sind, um zu lernen, mit starken Gefühlen umzugehen. Dann könnte es zu spät sein. Das Gefühl wird Sie mitreißen. Sie können bereits jetzt damit anfangen. Wenn Sie dann starken Gefühlen ausgesetzt sind, können Sie sie handhaben.

Übung vier: die Glocke einladen, das Glück einladen

Den Klang der Glocke einzuladen bedeutet, das Glück in unseren Körper einzuladen und sich darin zu verwurzeln. Immer, wenn wir die Glocke hören, haben wir die Gelegenheit, achtsames Atmen zu praktizieren, unseren Körper zu beruhigen und unser Glück zu spüren. Wir können jede Zelle unseres Körpers einladen, der Glocke zu lauschen, und dem Klang erlauben, unseren gesamten Körper zu durchdringen. Wenn wir tief zuhören, wissen wir, dass unsere Vorfahren in jeder Zelle unseres Körpers präsent sind. Wir hören auf eine Weise zu, die all unseren Vorfahren das Mithören ermöglicht. Sind wir, während wir lauschen, friedlich und freudvoll, so erleben auch unsere Vorfahren Frieden und Freude. Wir können all unsere Vorfahren einladen, mit uns gemeinsam die Glocke zu hören.

Übung fünf: Metta

Die *Metta*-Meditation ist eine Praxis, bei der wir durch tiefes Schauen Verstehen, Liebe und Mitgefühl entwickeln, zunächst für uns selbst und dann für andere. Sobald wir gelernt haben, uns zu lieben und fürsorglich mit uns umzugehen, werden wir auch anderen Menschen viel besser helfen können. Metta-Meditation kann auszugsweise oder vollständig praktiziert werden. Schon das Aussprechen auch nur einer Zeile der Metta-Meditation bringt mehr Mitgefühl und Heilung in die Welt.

Liebe bedeutet zuallererst, uns selbst zu akzeptieren, wie wir sind. Deshalb lautet die erste Praxis der Metta-Meditation: »Erkenne dich selbst.« Üben wir uns darin, erkennen wir, weshalb wir geworden sind, wie wir sind. Dann ist es uns leichter möglich, uns so zu akzeptieren, wie wir sind, einschließlich unserer Leiden und unseres Glücks.

Metta bedeutet in Sanskrit *liebende Güte*. Zu Beginn der Meditation äußern wir ein Ziel, ein Bestreben: »Möge ich …« Dann überschreiten wir die Ebene des geäußerten Wunsches und schauen tief in all die positiven und negativen Eigenschaften des Objekts unserer Meditation, also auf uns selbst. Die bloße Bereitschaft zu lieben ist noch keine Liebe. Wir schauen ganz in die

Tiefe unseres Seins, um zu verstehen. Wir wiederholen nicht nur die Worte oder imitieren andere und wir jagen auch keinem Ideal nach. Die Praxis der Metta-Meditation ist keine Autosuggestion. Wir sagen nicht einfach nur: »Ich liebe mich. Ich liebe alle Wesen.« Wir betrachten unseren Körper, unsere Gefühle und Wahrnehmungen, unsere Geistesformationen und unser Bewusstsein eingehend. Auf diese Weise wird unser Bestreben, zu lieben, innerhalb weniger Wochen bereits zu einer tief verankerten Absicht. Liebe wird in unsere Gedanken, unsere Worte und in unser Handeln einfließen und wir werden merken, dass wir ein friedvoller, glücklicher Mensch geworden sind. Unser Körper und unser Geist werden leicht, sicher und frei von Verletzung, frei von Wut, Kummer, Angst und Sorgen.

Während wir üben, beobachten wir, wie viel Frieden, Glück und Leichtigkeit bereits in uns sind. Wir bemerken, ob wir Angst vor Unfällen oder Missgeschicken haben und wie viel Wut, Gereiztheit, Angst und Sorge wir in uns tragen. Sobald wir uns unserer Gefühle bewusst sind, wird sich auch unser Verständnis für uns vertiefen. Wir erkennen, wie Ängste und der Mangel an Frieden zu unserem Unglücklichsein beigetragen haben; wir verstehen, wie wichtig es ist, sich selbst zu lieben und ein mitfühlendes Herz zu entwickeln.

In der Metta-Meditation stehen »Wut, Kummer,

Angst und Sorgen« für all unsere unheilsamen, negativen Geisteszustände, die uns Frieden und Glück rauben. Wut, Angst, Furcht, Verlangen, Gier und Unwissenheit zählen zu den größten Bedrängnissen unserer Zeit. Durch ein achtsames Leben werden wir fähig, mit ihnen umzugehen und unsere Liebe in wirksames Handeln zu verwandeln.

Die folgende Metta-Meditation entstammt dem *Visuddhimagga* (Weg der Reinigung) von Buddhaghosa. Es ist eine Systematisierung buddhistischer Lehren aus dem 5. Jahrhundert unserer Zeitrechnung.

Um sie zu praktizieren, sollten Sie still dasitzen, Ihren Körper und Ihre Atmung zur Ruhe kommen lassen und die folgenden Sätze rezitieren. Die Sitzposition eignet sich hierfür hervorragend. Still sitzend, sind Sie nicht allzu sehr von anderen Dingen abgelenkt und können sich eingehend betrachten, so wie Sie sind, Ihre Selbstliebe kultivieren und den besten Weg finden, diese Liebe in die Welt zu tragen.

Möge ich friedvoll, glücklich und unbeschwert
in Körper und Geist sein.
Möge sie friedvoll, glücklich und unbeschwert
in Körper und Geist sein.
Möge er friedvoll, glücklich und unbeschwert
in Körper und Geist sein.

Mögen sie friedvoll, glücklich und unbeschwert
in Körper und Geist sein.

Möge ich sicher und frei von Verletzung sein.
Möge sie sicher und frei von Verletzung sein.
Möge er sicher und frei von Verletzung sein.
Mögen sie sicher und frei von Verletzung sein.

Möge ich frei von Wut, Kummer, Angst und
Sorgen sein.
Möge sie frei von Wut, Kummer, Angst und
Sorgen sein.
Möge er frei von Wut, Kummer, Angst und
Sorgen sein.
Mögen sie frei von Wut, Kummer, Angst und
Sorgen sein.

Richten Sie die Meditation zuerst an sich selbst (»ich«). Solange Sie nicht in der Lage sind, sich selbst zu lieben und sich fürsorglich zu begegnen, können Sie anderen keine große Hilfe sein. Später beziehen Sie Ihren Wunsch auf andere (»er/sie, sie«) – zuerst auf jemanden, den Sie mögen, dann auf eine neutrale Person, später auf jemanden, den Sie lieben, und schließlich auf eine Person, an die nur zu denken bereits leidvoll für Sie ist.

Dem Buddha zufolge besteht der Mensch aus fünf Elementen, die in Sanskrit *skandha* genannt werden. Es sind Form (Körper), Gefühle, Wahrnehmungen, Geistesformationen und Bewusstsein. In gewisser Weise sind Sie der oder die Sachverständige all dieser Elemente in Ihrem eigenen Reich. Um zu verstehen, was tatsächlich in Ihnen geschieht, müssen Sie Ihr Reich und auch alle darin miteinander streitenden Elemente kennen. Um für innere Harmonie, Versöhnung und Heilung sorgen zu können, müssen Sie sich selbst verstehen. Tiefes Schauen und Zuhören und das genaue Erkunden Ihres Reiches sind der Beginn der Metta-Meditation.

Beginnen Sie diese Praxis, indem Sie tief in Ihren Körper schauen. Fragen Sie: »Wie geht es meinem Körper in diesem Moment? Wie ging es ihm in der Vergangenheit? Wie wird es ihm in Zukunft gehen?« Wenn Sie sich später jemandem zuwenden, den Sie mögen, als neutral betrachten, den Sie lieben bzw. hassen, beginnen Sie ebenfalls mit diesen körperlichen Aspekten. Während Sie ein- und ausatmen, stellen Sie sich das Gesicht der entsprechenden Person vor, ihre Art zu gehen, zu sitzen und zu sprechen, ihr Herz, ihre Lunge und Nieren und all ihre Organe; nehmen Sie sich so viel Zeit, wie Sie brauchen, um sich all diese Details zu vergegenwärtigen. Doch beginnen Sie immer mit sich selbst. Wenn Sie Ihre eigenen fünf Skandhas deutlich erkennen, entsteht auf ganz natürlichem Wege Verständnis und Liebe in Ihnen und Sie werden wissen, was Sie tun und lassen sollten, um auf sich achtzugeben.

Erforschen Sie Ihren Körper und überprüfen Sie, ob er an einer Krankheit leidet oder in Frieden ist. Betrachten Sie den Zustand Ihrer Lunge, Ihres Herzens, Ihrer Eingeweide, Nieren und Ihrer Leber und schauen Sie, was Ihr Körper wirklich braucht. Wenn Sie dies aufmerksam tun, werden Sie fortan auf eine Weise essen und trinken, die den wirklichen Bedürfnissen Ihres Körpers entspricht und Ihre Liebe und Ihr Mitgefühl für Ihren Körper ausdrückt. Normalerweise folgen Sie eingefahrenen Gewohnheiten. Doch wenn Sie tief schauen, wird Ihnen auffallen, dass viele dieser Gewohnheiten Ihren Körper und Geist schädigen. Verändern Sie also Ihre Gewohnheiten so, dass sie Ihrer Gesundheit und Vitalität zuträglich sind.

Der nächste Schritt besteht darin, Ihre Gefühle zu beobachten – ob sie angenehm, unangenehm oder neutral sind. Gefühle durchströmen uns wie ein Fluss und jedes Gefühl ist ein Tropfen darin. Betrachten Sie den Fluss Ihrer Gefühle und beobachten Sie, wie jedes einzelne Gefühl auftaucht. Untersuchen Sie, was Sie in der Vergangenheit davon abgehalten hat, glücklich zu sein, und versuchen so Ihr Möglichstes, diese Dinge zu ändern. Üben Sie sich darin, die wundersamen, wohltuenden und heilenden Elemente zu berühren, die Sie in sich und in der Welt finden. Das wird Sie stärken und Sie werden besser imstande sein, sich und andere zu lieben.

Meditieren Sie nun über Ihre Wahrnehmungen. Der Buddha bemerkte: »Wer viele falsche Wahrnehmungen hat, leidet am meisten in dieser Welt. Die meisten unserer Wahrnehmungen sind fehlerhaft.« Sie sehen eine Schlange in der Dunkelheit und geraten in Panik, doch richtet ein Freund das Licht einer Taschenlampe darauf, erkennen Sie, dass es nur ein Seil ist. Sie sollten wissen, welche falschen Wahrnehmungen für Ihr Leid verantwortlich sind. Bitte nehmen Sie ein Blatt Papier zur Hand, schreiben Sie darauf in Schönschrift: »Bist du dir sicher?« und hängen Sie es sichtbar auf. Die Metta-Meditation hilft Ihnen zu lernen, mit Klarheit und Gelassenheit zu schauen und Ihre Wahrnehmungen zu schärfen.

Richten Sie nun Ihre Aufmerksamkeit auf Ihre Geistesformationen, die Vorstellungen und Denkmuster, die Sie so sprechen und handeln lassen, wie Sie es gewohnheitsmäßig tun. Praktizieren Sie tiefes Schauen, um die wahre Natur dieser geistigen Gebilde zu entdecken – wie Sie sowohl von Ihrem individuellen als auch vom kollektiven Bewusstsein Ihrer Familie, Ihrer Vorfahren und der Gesellschaft beeinflusst werden. Unheilsame geistige Gebilde verursachen sehr viel Unruhe; heilsame geistige Gebilde hingegen führen zu Liebe, Glück und Befreiung.

Schließlich schauen Sie auf Ihr Bewusstsein. Der Buddhismus geht davon aus, dass das Bewusstsein wie ein Feld mit allen denkbaren Samen ist: Samen der Liebe, des Mitgefühls, der Freude und Gleichmut, Samen der Wut, Angst und Sorge, Samen der Achtsamkeit. Diese Bewusstseinsebene wird Speicherbewusstsein genannt und enthält all diese Samen, die sich dann in unserem Bewusstsein manifestieren können. Wenn Ihr Geist nicht in Frieden ist, mag dies vielleicht an den Begierden und Gefühlen liegen, die aus dem Speicherbewusstsein aufgestiegen sind. Um friedvoll zu sein und ein gewisses Maß an Selbstkontrolle zu erlangen, sollten Sie sich Ihrer Neigungen, Denkmuster und Gewohnheitsenergien bewusst sein. Das ist aktive Gesundheitsvorsorge. Schauen Sie tief in die Natur Ihrer Gefühle, um ihre Ursachen zu finden und zu erkennen, welche Gefühle transformiert und welche genährt werden sollten, um Frieden, Freude und Wohlbefinden zu erlangen.

Sie können nun mit folgenden Wünschen fortfahren, die Sie zunächst auf sich selbst, dann auf andere richten.

Möge ich lernen, mich mit den Augen des Verstehens und der Liebe zu betrachten.
Möge ich lernen, sie mit den Augen des Verstehens und der Liebe zu betrachten.
Möge ich lernen, ihn mit den Augen des Verstehens und der Liebe zu betrachten.
Möge ich lernen, sie mit den Augen des Verstehens und der Liebe zu betrachten.

Möge ich imstande sein, die Samen der Freude und des Glücks in mir zu erkennen und zu berühren.
Möge ich imstande sein, die Samen der Freude und des Glücks in ihr zu erkennen und zu berühren.
Möge ich imstande sein, die Samen der Freude und des Glücks in ihm zu erkennen und zu berühren.
Möge ich imstande sein, die Samen der Freude und des Glücks in ihnen zu erkennen und zu berühren.

Möge ich lernen, die Ursachen von Wut, Gier und Unwissenheit in mir zu identifizieren und zu erkennen.
Möge ich lernen, die Ursachen von Wut, Gier und Unwissenheit in ihr zu identifizieren und zu erkennen.

Möge ich lernen, die Ursachen von Wut, Gier und Unwissenheit in ihm zu identifizieren und zu erkennen.
Möge ich lernen, die Ursachen von Wut, Gier und Unwissenheit in ihnen zu identifizieren und zu erkennen.

»Möge ich lernen, mich mit den Augen des Verstehens und der Liebe zu betrachten.« Als wir einmal die Metta-Meditation in Plum Village praktizierten, sagte eine junge Laienpraktizierende zu mir: »Als ich über meinen Freund meditierte, stellte ich fest, dass ich begann, ihn weniger zu lieben. Und als ich über die Person meditierte, die ich am wenigsten mag, hasste ich mich plötzlich selbst.« Vor der Meditation hatte sie ihren Freund so leidenschaftlich geliebt, dass sie seine Unzulänglichkeiten nicht sehen konnte. Während ihrer Meditation begann sie, ihn klarer zu sehen, und erkannte, dass er weniger perfekt war, als sie ihn sich vorgestellt hatte. Ihre Liebe begann, mehr Verstehen zu beinhalten, und so wurde sie tiefer und heilsamer.

Ebenso gelangte sie durch die Meditation zu neuen Einsichten bezüglich der Person, die sie am wenigsten mochte. Sie erkannte einige Gründe für deren Verhalten und ihr fiel auf, wie sie durch ihre eigenen schroffen Reaktionen zu deren Leid beigetragen hatte.

Noch einmal: Wir beginnen mit uns selbst, um unsere wahre Natur zu erkennen. Solange wir uns selbst ablehnen, unserem Körper und Geist weiterhin schaden, hat es keinen Sinn, über Liebe und Akzeptanz gegenüber anderen überhaupt nur zu reden. Durch Achtsamkeit wird es uns möglich, unsere Denkgewohnheiten und den Inhalt unserer Gedanken wahrzunehmen. Wir richten das Licht der Achtsamkeit auf die Pfade unseres Geistes, sodass wir sie klarer erkennen können.

Wann immer wir etwas sehen oder hören, kann unsere Aufmerksamkeit angemessen oder unangemessen sein. Durch Achtsamkeit können wir feststellen, was jeweils der Fall ist. Wir können die unangemessene Aufmerksamkeit auflösen und die angemessene nähren. Angemessene geistige Aufmerksamkeit, *yoniso manaskara* (Sanskrit), bringt uns Glück, Frieden, Klarheit und Liebe. Unangemessene Aufmerksamkeit, *ayoniso manaskara* (Sanskrit), beschwert unseren Geist mit Kummer, Wut und Vorurteilen. Achtsamkeit hilft uns, angemessene Aufmerksamkeit zu üben und die Samen des Friedens, der Freude und Befreiung in uns zu wässern.

Im nächsten Schritt richten wir das Licht der Aufmerksamkeit auf unsere Sprache, sodass wir stets liebevoll sprechen und nichts sagen, was Konflikte für uns oder andere heraufbeschwört. Dann sehen wir uns unser körperliches Handeln an. Achtsamkeit zeigt uns, wie

wir stehen, sitzen, gehen, lächeln, finster dreinblicken und andere betrachten. So erkennen wir, welche unserer Handlungen nützlich und welche verletzend sind.
Sich selbst und andere zu verstehen ist der Schlüssel, der die Tür zu Liebe und Akzeptanz öffnet.

»Möge ich imstande sein, die Samen der Freude und des Glücks in mir zu erkennen und zu berühren.« In der Tiefe unseres Geistes sind viele Samen, positive und negative. Wir sind die Gärtner, die die besten Samen erkennen, wässern und kultivieren. Die Samen der Freude, des Friedens, der Stabilität und Liebe in uns zu berühren, sich selbst und andere zu lieben ist eine wichtige Übung, die uns dabei hilft, in Richtung Gesundheit und Glück zu wachsen.

»Möge ich lernen, die Ursachen von Wut, Gier und Unwissenheit in mir zu identifizieren und zu erkennen.« Wir schauen genau hin, wie es zu diesen Geistesformationen kam, was die tieferen Ursachen sind und wie lange sie schon da sind. Wir üben uns täglich in Achtsamkeit, um bewusst wahrzunehmen, dass Geistesgifte wie Gier, Wut, Unwissenheit, Angst und Argwohn in uns sind. Wir können uns ansehen, wie viel Leid sie uns und anderen zugefügt haben.

Wir müssen unsere eigene Wut beherrschen lernen, bevor wir anderen helfen können, dies ebenfalls zu tun. Streit mit anderen wässert nur die Samen der Wut in uns. Wenn Ärger in Ihnen aufsteigt, kehren Sie zu sich selbst zurück und nutzen Sie die Achtsamkeitsenergie, um den Zorn zu umarmen, zu lindern und ihn zu erhellen. Glauben Sie nicht, es ginge Ihnen besser, wenn Sie Ihrer Wut freien Lauf lassen und den anderen verletzen. Vielleicht reagiert der andere mit noch mehr Wut und der Konflikt eskaliert. Wenn Zorn in uns aufsteigt, sollten wir, so lehrte der Buddha, Augen und Ohren verschließen, zu uns selbst zurückkehren und uns der Ursache der Wut in uns zuwenden. Die Transformation Ihres Ärgers dient nicht nur Ihrer persönlichen Befreiung. Alle Menschen in Ihrer Umgebung, selbst weiter entfernte, profitieren davon.

Betrachten Sie Ihre Wut so, als würden Sie Ihr eigenes Kind ansehen. Weisen Sie sie nicht zurück. Hassen Sie sie nicht. Meditation bedeutet nicht, sich in ein Schlachtfeld zu verwandeln, auf dem eine Seite gegen die andere kämpft. Bewusstes Atmen lindert und beruhigt die Wut und die Achtsamkeit durchdringt sie. Zorn ist eine Art von Energie und jede Energie kann transformiert werden. Meditation ist die Kunst, eine Art von Energie zu nutzen, um eine andere zu transformieren.

Möge ich wissen, wie ich die Samen der Freude
täglich in mir nähren kann.
Möge ich wissen, wie ich die Samen der Freude
täglich in ihr nähren kann.
Möge ich wissen, wie ich die Samen der Freude
täglich in ihm nähren kann.
Möge ich wissen, wie ich die Samen der Freude
täglich in ihnen nähren kann.

Möge ich imstande sein, frisch, gefestigt und frei
zu leben.
Möge sie imstande sein, frisch, gefestigt und frei
zu leben.
Möge er imstande sein, frisch, gefestigt und frei
zu leben.
Mögen sie imstande sein, frisch, gefestigt und frei
zu leben.

Möge ich frei von Anhaftung und Ablehnung,
doch nicht gleichgültig sein.
Möge sie frei von Anhaftung und Ablehnung,
doch nicht gleichgültig sein.
Möge er frei von Anhaftung und Ablehnung,
doch nicht gleichgültig sein.
Mögen sie frei von Anhaftung und Ablehnung,
doch nicht gleichgültig sein.

Diese Wünsche helfen uns, die Samen der Freude und des Glücks, die tief in unserem Speicherbewusstsein liegen, zu wässern. Unsere Ideen darüber, was uns glücklich macht, sind oft eine Falle. Wir vergessen, dass es nur Vorstellungen sind. Unsere Vorstellungen von Glück können unserem Glück im Wege stehen. Wenn wir uns das Glück nur in einer ganz bestimmten Form vorstellen, verhindern wir, die vielen Gelegenheiten der Freude zu entdecken, die uns unmittelbar umgeben.

Glück ist keine individuelle Angelegenheit, es hat die Natur des Interseins. Sind Sie in der Lage, eine Freundin zum Lächeln zu bringen, wird deren Glück auch Sie nähren. Lassen Sie Frieden, Freude und Glück wachsen, so tun Sie das für alle. Beginnen Sie damit, freudvolle Gefühle in sich zu nähren. Üben Sie Gehmeditation, genießen Sie die frische Luft, die Bäume und die Sterne bei Nacht. Was tun Sie für sich selbst? Es ist wichtig, dass Sie sich darüber mit engen Freundinnen und Freunden austauschen, um konkrete Möglichkeiten zu erkunden, Freude und Glück zu nähren. Sind Sie darin erfolgreich, werden sich Ihr Leid, Ihr Kummer und Ihre schmerzhaften Geistesformationen transformieren.

»Möge ich imstande sein, frisch, gefestigt und frei zu leben.« »Frisch« ist eine Übersetzung des vietnamesischen Wortes für »kühl, fieberfrei«. Neid, Wut und

Begehren sind eine Art von Fieber. »Gefestigt« bezieht sich auf Stabilität. Ohne Stabilität werden Sie nicht viel erreichen. Sie müssen täglich nur ein paar Schritte in Richtung Ihres Ziels machen. Verbinden Sie sich jeden Morgen aufs Neue mit Ihrem Weg, um nicht in die Irre zu gehen. Bevor Sie sich abends zum Schlafen hinlegen, sollten Sie sich etwas Zeit nehmen, um den Tag Revue passieren zu lassen. »Habe ich heute entsprechend meiner Ideale gelebt?« Es reicht aus, wenn Sie zwei, drei Schritte in diese Richtung gegangen sind. Wenn nicht, sagen Sie sich: »Morgen werde ich es besser machen.«

Vergleichen Sie sich nicht mit anderen. Ihnen sollte es nur darum gehen zu beobachten, ob Sie auf dem Weg sind, den Sie wertschätzen. Nehmen Sie Zuflucht zu Dingen, die eine gewisse Festigkeit haben. Wenn Sie sich auf etwas stützen, das nicht stabil ist, werden Sie umfallen. Selbst wenn es Sanghas gibt, die noch nicht so gefestigt sind, ist es doch erfahrungsgemäß weise, Zuflucht zu einer Sangha zu nehmen. Überall gibt es Sangha-Mitglieder, die ernsthaft praktizieren.

»Freiheit« bedeutet, die Falle schädlicher Begierden hinter sich zu lassen und ohne Anhaftung zu sein – ob an eine Institution, einen Titel oder einen bestimmten Rang. Immer wieder begegnen wir Menschen, die frei sind und tun, was nötig ist.

»Gleichgültigkeit«: Sind wir gleichgültig, wird alles

freudlos, uninteressant und wertlos für uns. Wir spüren keine Liebe, kein Verständnis und unser Leben kennt weder Freude noch Bedeutung. Die Schönheit der Natur oder das Lachen eines Kindes nehmen wir noch nicht einmal wahr. Wir sind unfähig, das Leid oder Glück anderer zu berühren. Spüren Sie, dass Sie sich in einem solchen Zustand der Gleichgültigkeit befinden, sollten Sie Freunde um Hilfe bitten. Trotz allen Leides ist das Leben doch voller Wunder.

»Frei von Anhaftung und Ablehnung.« Die Liebe, die uns der Buddha zu kultivieren ans Herz legt, ist weder besitzergreifend noch anhaftend. Wir alle, ob jung oder alt, neigen zu Anhaftung. Schon mit der Geburt existiert ein Anhaften am Selbst. Auch in heilsamen Beziehungen existieren bis zu einem gewissen Grad Besitzergreifen und Anhaften, doch sobald das exzessiv wird, leiden beide. Glaubt ein Vater, er »besitze« seinen Sohn, oder versucht ein junger Mann, seine Freundin einzuschränken, wird die Liebe zum Gefängnis. Dies gilt auch für freundschaftliche Beziehungen, für Lehrer-Schüler-Beziehungen und so weiter. Anhaftung behindert den Fluss des Lebens und ohne Achtsamkeit verwandelt sich jede Anhaftung in Ablehnung. Sowohl Anhaftung als auch Ablehnung verursachen Leid. Schauen Sie tief, um die Natur Ihrer Liebe zu erforschen, identifizieren Sie das Ausmaß von Anhaften, Despotismus und Besitzergreifen in Ihrer Liebe. Dann können Sie beginnen, die Knoten zu lösen. Die Samen wahrer Liebe – liebende Güte, Mitgefühl, Freude und Gelassenheit – befinden sich bereits in unserem Speicherbewusstsein. Durch die Praxis des tiefen Schauens werden die Samen des Leids und der Anhaftung kleiner werden, während die positiven Samen wachsen. Wir können Anhaftung und Ablehnung verwandeln und zu einer Liebe gelangen, die Raum gibt und allumfassend ist.

Übung sechs: Tiefenentspannung

Wenn wir hinfallen, empfinden wir körperlichen Schmerz. Wenn wir traurig sind, nennen wir das emotionalen Schmerz. Doch Körper und Geist sind nichts Getrenntes und Leiden ist nicht nur ein Gefühl. Wir speichern Leid in unserem Körper. Die Praxis der Tiefenentspannung nimmt sich dieses Leids an und lindert es in Körper und Geist.

Tiefenentspannung beginnt damit, den eigenen Körper wahrzunehmen. Sie können mit Ihren Augen beginnen. »Einatmend bin ich mir meiner Augen bewusst. Ausatmend lächle ich meinen Augen voller Dankbarkeit und Liebe zu.« Richten Sie dann Ihre Aufmerksamkeit auf Ihre Nase, Ihren Mund, Ihren Hals und fahren Sie fort bis zu Ihren Zehen. Durchleuchten Sie Ihren Körper, nicht mit einem Röntgenstrahl, sondern mit Ihrer Achtsamkeit. Sie gehen mit Ihrer Aufmerksamkeit durch den gesamten Körper und lassen sie an jeder Stelle für einen Moment verweilen. »Einatmend bin ich mir meines Herzens bewusst. Ausatmend lächle ich meinem Herzen liebevoll zu. Mein Herz ist für mein Wohlbefinden lebenswichtig. Es arbeitet pausenlos und versorgt jede Zelle meines Körpers. Ich bin ihm so dankbar. Ich kann Pausen einlegen und schlafen, aber mein Herz schläft nie. Und doch habe ich schon Dinge getan, die mein Herz geschädigt haben. Ich habe zu viel Alkohol getrunken, ich habe geraucht. Ich bin nicht immer nett zu meinem Herzen gewesen.« Sie können eine solche Betrachtung anstellen, während Sie ein- und ausatmen und Ihr Herz achtsam umarmen. Diese Einsicht kann transformierend und heilend sein. Sie wissen nun genau, was Sie zu sich nehmen sollten und was nicht, um Ihrem Herzen etwas Gutes zu tun, und dies ist eine lebenswichtige Voraussetzung für Ihr Glück. Auf diese Weise gehen Sie Ihren ganzen Körper und seine Organe durch. Das ist die Betrachtung des Körpers im Körper.

Im Buddhismus gibt es einen Basistext, der uns lehrt, wie wir über unseren Körper meditieren sollten. Er wird *Kayagatasati Sutta* genannt, die Achtsamkeit des Körpers im Körper. Der Körper ist ein wichtiges Objekt der Meditation. Er enthält den Kosmos, das Reich Gottes, das Reine Land des Buddha und unsere spirituellen und genetischen Vorfahren. Meditieren wir über unseren Körper, können wir in Kontakt mit all diesen Bereichen treten und sowohl unser als auch das Glück und Wohlbefinden anderer nähren.

Übung sieben: die fünf Achtsamkeitsübungen

Die fünf Achtsamkeitsübungen bieten uns eine Orientierungshilfe, wie wir unser tägliches Leben so gestalten können, dass Glück genährt und Unwohlsein transformiert werden kann. Diese Übungen verkörpern darüber hinaus ein Denken und Handeln, das die Kraft der Heilung in sich trägt. Sie können sie, allein oder in einer Gruppe, täglich oder monatlich rezitieren, um Ihre Vorsätze und Ihre Übungsmotivation lebendig zu halten.

Die erste Achtsamkeitsübung:
Ehrfurcht vor dem Leben

Im Bewusstsein des Leidens, das durch die Zerstörung von Leben entsteht, bin ich entschlossen, Mitgefühl und Einsicht in das Intersein zu entwickeln und Wege zu erlernen, das Leben von Menschen, Tieren, Pflanzen und unserer Erde zu schützen. Ich bin, nicht zu töten, es nicht zuzulassen, dass andere töten, und keine Form des Tötens zu unterstützen, weder in der Welt noch in meinem Denken oder in meiner Lebensweise.

Im Wissen, dass schädliche Handlungen aus Ärger, Angst, Gier und Intoleranz entstehen, die ihrerseits dualistischem und diskriminierendem Denken entspringen, werde ich mich in Unvoreingenommenheit und

Nicht-Festhalten an Ansichten üben, um Gewalt, Fanatismus und Dogmatismus in mir selbst und in der Welt zu transformieren.

Die zweite Achtsamkeitsübung: wahres Glück

Im Bewusstsein des Leidens, das durch Ausbeutung, soziale Ungerechtigkeit, Diebstahl und Unterdrückung entsteht, bin ich entschlossen, Großzügigkeit in meinem Denken, Reden und Handeln zu praktizieren. Ich bin entschlossen, nicht zu stehlen und nichts zu besitzen, was anderen zusteht. Ich werde meine Zeit, Energie und materiellen Mittel mit denen teilen, die sie brauchen. Ich werde mich in tiefem Schauen üben, um zu erkennen, dass das Glück und das Leiden anderer nicht getrennt sind von meinem Glück und meinem Leiden, dass wahres Glück nur möglich ist mit Verstehen und Mitgefühl und dass es viel Leiden und Verzweiflung bringen kann, hinter Reichtum, Ruhm, Macht und sinnlichem Vergnügen herzujagen. Ich bin mir bewusst, dass Glücklichsein von meiner geistigen Haltung und nicht von äußeren Umständen abhängig ist und dass ich glücklich im gegenwärtigen Augenblick leben kann, indem ich mich daran erinnere, dass ich bereits mehr als genug Bedingungen habe, um glücklich zu sein. Ich bin entschlossen, Rechten Lebenserwerb zu praktizieren, um so dazu beizutragen, das Leiden der Lebewesen auf dieser Erde zu verringern und den Prozess der globalen Erwärmung umzukehren.

Die dritte Achtsamkeitsübung:
wahre Liebe

In dem Bewusstsein, das durch sexuelles Fehlverhalten Leiden entsteht, bin ich entschlossen, Verantwortungsgefühl zu entwickeln und Wege zu erlernen, die Sicherheit und Integrität von Individuen, Paaren, Familien und der Gesellschaft zu schützen. In dem Wissen, dass sexuelles Verlangen nicht Liebe ist und dass sexuelles Handeln, durch Begierde motiviert, immer sowohl mir als auch anderen schadet, bin ich entschlossen, keine sexuelle Beziehung einzugehen ohne gegenseitiges Einverständnis, wahre Liebe und die Bereitschaft zu einer tiefen, langfristigen und verantwortungsvollen Bindung. Zur spirituellen Unterstützung der Integrität meiner Beziehung beschließe ich, mich an die Familienmitglieder, Freundinnen, Freunden und die Sangha zu wenden, zu denen ein unterstützendes und vertrauensvolles Verhältnis besteht. Ich werde alles tun, was in meiner Macht steht, um Kinder vor sexuellem Missbrauch zu schützen und um zu verhindern, dass Paare oder Familien durch sexuelles Fehlverhalten auseinanderbrechen. In dem Bewusstsein, dass Körper und Geist wechselseitig miteinander verbunden sind, bin ich entschlossen, geeignete Wege zu erlernen, um gut mit meiner sexuellen Energie umzugehen und die vier grundlegenden Elemente wahrer Liebe – liebevolle Güte, Mitgefühl, Freude und Unvoreingenommenheit – zu entwickeln, sodass mein eigenes Glück und das Glück von anderen wachsen können. Ich erkenne die Vielfalt menschlicher Erfahrungen an und verpflichte mich, keine der verschiedenen Formen von Geschlechtsidentität oder sexueller Orientierung zu diskriminieren. Indem wir uns in wahrer Liebe üben, setzen wir uns auf eine sehr schöne Weise in die Zukunft fort.

Die vierte Achtsamkeitsübung:
liebevolles Sprechen und tiefes Zuhören

Im Bewusstsein des Leidens, das durch unachtsame Rede und aus der Unfähigkeit, anderen zuzuhören, entsteht, bin ich entschlossen, liebevolles Sprechen und mitfühlendes Zuhören zu üben, um Leiden zu lindern und Versöhnung und Frieden in mir und zwischen anderen Menschen, ethnischen und religiösen Gruppen und Nationen zu fördern. Im Wissen, dass Worte sowohl Glück als auch Leiden hervorrufen können, bin ich entschlossen, wahrhaftig zu sprechen und Worte zu gebrauchen, die Vertrauen, Freude und Hoffnung wecken. Wenn Ärger in mir aufsteigt, bin ich entschlossen, nicht zu sprechen. Ich werde achtsames Atmen und Gehen praktizieren, um meinen Ärger zu erkennen und tief in seine Wurzeln zu schauen, besonders in meine falschen Wahrnehmungen und mein fehlendes Verständnis für mein eigenes Leiden und das der anderen Person. Ich werde in einer Weise sprechen und zuhören, die mir und dem anderen helfen kann, Leiden zu transformieren und einen Weg aus schwierigen Situationen zu finden. Ich bin entschlossen, keine Nachrichten zu verbreiten, wenn ich nicht sicher bin, dass sie der Wahrheit entsprechen, und Äußerungen zu unterlassen, die Trennung oder Uneinigkeit verursachen können. Ich werde Rechtes Bemühen praktizieren, um meine Fähigkeit zu Liebe, Verstehen, Freude und Unvoreingenommenheit zu nähren und um allmählich Ärger, Gewalt und Angst, die tief in meinem Bewusstsein liegen, zu verwandeln.

Die fünfte Achtsamkeitsübung:
Nahrung und Heilung

Im Bewusstsein des Leidens, das durch unachtsamen Konsum entsteht, bin ich entschlossen, auf körperliche und geistige Gesundheit für mich selbst, meine Familie und meine Gesellschaft zu achten, indem ich achtsames Essen, Trinken und Konsumieren praktiziere. Ich werde mich darin üben, tief zu schauen, um meinen Konsum und meinen Umgang mit den vier Arten von Nahrung – Essbarem, Sinneseindrücken, Willenskraft und Bewusstsein – zu erkennen. Ich bin entschlossen, weder Alkohol noch Drogen oder andere Dinge zu benutzen, die Gifte enthalten, wie z.B. bestimmte Internetseiten, Glücksspiele, elektronische Spiele, Fernsehsendungen, Filme, Zeitschriften, Bücher oder Gespräche. Ich werde mich darin üben, zum gegenwärtigen Augenblick zurückzukommen, um mit den erfrischenden, heilenden und nährenden Elementen in mir und um mich herum in Berührung zu sein. So lasse ich mich weder von Bedauern und Kummer in die Vergangenheit ziehen noch von Sorgen, Angst oder Begierden aus dem gegenwärtigen Augenblick bringen. Ich bin entschlossen, nicht zu versuchen, Einsamkeit, Angst oder anderes Leiden zu überdecken, indem ich mich im Konsum verliere. Ich werde das Intersein tief betrachten und auf eine Weise konsumieren, die Frieden, Freude und Wohlergehen sowohl in meinem Körper und Bewusstsein als auch im kollektiven Körper und Bewusstsein meiner Familie, meiner Gesellschaft und unserer Erde bewahrt.

Praxiszentren

Die Kunst des achtsamen Lebens in der Tradition von Thich Nhat Hanh wird weltweit in Praxiszentren gelehrt. Informationen dazu finden Sie unter:

Plum Village
13 Martineau
F-33580 Dieulivol
www.plumvillage.org

Workshops und Retreats in deutscher Sprache finden Sie unter:

EIAB
Europäisches Institut für Angewandten Buddhismus
Schaumburgweg 3
51545 Waldbröl
www.eiab.eu

Intersein
Zentrum für Achtsamkeit und Meditation
Unterkashof 50
94545 Hohenau
www.intersein-zentrum.de
Infos unter: www.intersein.de

Der Autor

Thich Nhat Hanh, 1926 in Zentralvietnam geboren, gehörte zu den renommiertesten buddhistischen Persönlichkeiten unserer Zeit. Er war Zen-Meister, Gelehrter, Poet, Friedensaktivist und führender Vertreter eines engagierten Buddhismus. Von Martin Luther King Jr. wurde er für den Friedensnobelpreis vorgeschlagen.

Er lebte viele Jahre im Exil in Frankreich in dem von ihm gegründeten Praxiszentrum Plum Village. Seine Bücher über achtsames Leben sind in viele Sprachen übersetzt. Mittlerweile gibt es zahlreiche Zentren in aller Welt, die in der Plum Village Tradition stehen, so auch das EIAB (Europäisches Institut für Angewandten Buddhismus) in der Nähe von Köln.

Thich Nhat Hanh starb 2022 im Alter von 95 Jahren in seinem Wurzelkloster in Hue, Vietnam.